JN095378

真宗とは何か

鈴木大拙

佐藤平顕明 訳

法藏館

撮影　Francis Haar／1958年3月撮影

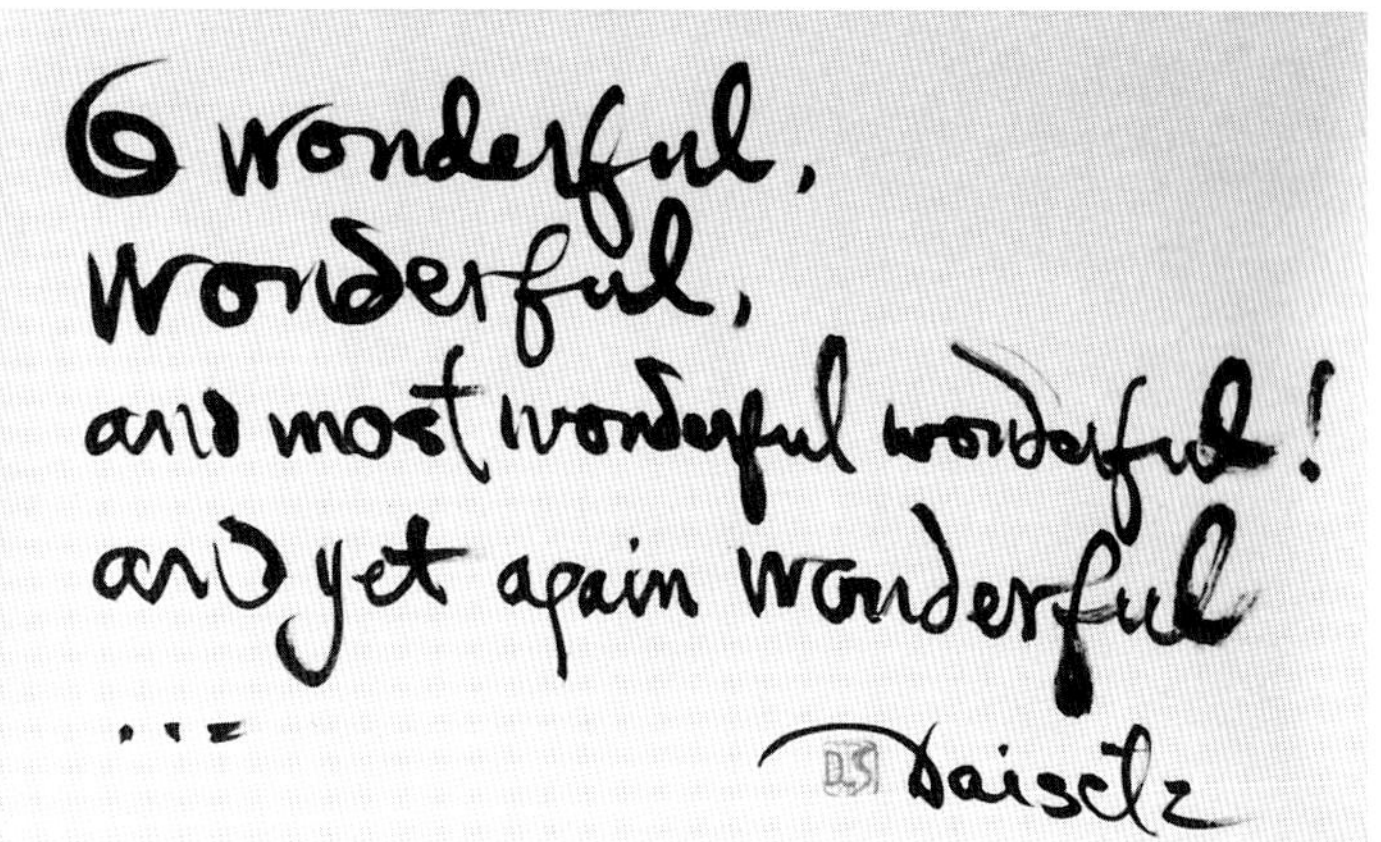

口絵１　**"O wonderful, wonderful, and most wonderful wonderful! and yet again wonderful…"**（シェイクスピア「お気に召すまま」第３幕第２場より）大拙先生は大乗仏教の真髄「妙用」の「妙」の絶妙な英語的表現をこの一句に見出した。1966年の揮毫。

口絵 2　「妙用」は，鈴木大拙大乗教理解の根本的視点を示す言葉。大拙先生晩年の揮毫。

序文

佐藤平顕明

鈴木大拙先生は、鎌倉円覚寺の釈宗演老師に参禅し、弱冠二十六歳の極月五日蝋八接心中に見性して、翌年一八九七年二月の渡米以来一九〇九年三月の帰国に至るまで、アメリカではシカゴ近郊のラサールを中心に十年、英国ではロンドンに一年、合計十一年間西洋に見聞を広めながら、若き身空に経験する東西出会いの火花の中、禅の見性という形で体験した大乗仏教の真髄は何かを問いつつ、それをまったく別な言語体系である英語で表現するという新しい世界的大事業に一身を投じられました。

この序を草するに先立って一読した下田正弘著『仏教とエクリチュール——大乗経典の起源と形成——』（東京大学出版会、二〇二〇年）は、私の予想を遥かに超えるまったく新しい大乗興起論の提唱であり、読了するとともに大拙先生がその生涯をかけて為し遂げられた仕事は、釈尊の成道、大乗の興起、中国禅の台頭、鎌倉浄土教の開闡といった偉大な仏教史の流れにも匹敵する、東西の思想を架橋する一大事であったことを再認識せしめられたことでした。『仏教とエクリチュール』の高邁にして詳細な論旨を要約するとすれば、それまではすべて口頭伝承されてきた釈尊一代の物語が、紀元一世紀前後のインドにおける筆記行為の開始とともに僧院内でも記述されるようになり始め、その歴史的事実としての「書記化」の過程において、ただ単に口誦の伝承を記述するのではなく、常に釈尊の物語の真実はいったい何であったかを問いつつ書き綴る人々が現れてきて、梵天勧請に象徴されるような、言葉を超えた真実を言葉にするという彼らの本質的に逆説的な書記行為が、深遠な内観を通して目覚めた真実の哲理を内包する厖大な大乗経典を生みだしたというのです。

東西の世界の出会いと交わりが生み出す近代に特有な激しい思想の潮流に捲き込まれて、相互理解のためには必須となったヨーロッパ言語への翻訳という大拙先生の世界に向けての著述行為は、インドにおいて大乗興起の要因となったという書記行為の開始にも擬え得る、大きな歴史的移行の所産であったに違いありません。大拙先生は、ご自身のさとり体験はいったい何であったのか、その背景となっている大乗仏教の真実とは何なのか、また仏教を学ぶということの究極的な目的はどこにあるのかを、西洋思想との真剣な対決の中で真摯に問いつつ、日本語ばかりでなく英語でも、内面に湧き出るそのような問いに答え続けられたのです。

大拙先生名著の一つに、第二次世界大戦末期の一九四四年に出版された『日本的霊性』があります。あからさまな神道批判を含むこのような著書が、その当時の官憲の検閲の網にかかることもなく出版されたのはまことに不思議なことであり、戦時中の日本浄土教徒にとっては類稀なる僥倖だったといわねばならないでしょう。

この書の趣旨は、日本古来の「神ながら」の思想が充分に成熟して、自覚的な日本的霊性として日本精神史の最高峰に顕現するためには、鎌倉時代の日本浄土教の祖師法然聖人とその弟子親鸞聖人の

「そのままの救済」を説く絶対他力の教えの出現を待たねばならなかったと力説する点にあります。

　絶対他力のそのままの教えを了得した人格を言い当てる言葉として、『日本的霊性』には「超個の個」という概念の提唱が見受けられます。「超個の個」というのは、「弥陀の五劫思惟の願をよくよく案ずれば、ひとへに親鸞一人がためなりけり」(『歎異抄』後序『真宗聖教全書』第二巻、七九二頁)の「一人」です。阿弥陀仏にすべてを任せきったその「一人」は、個己の意識を超えて阿弥陀仏と一つになります。『日本的霊性』には、「現世的・相関的・業苦的存在をそのままにして、弥陀の絶対的本願力のはたらきに一切をまかせると云ふのである。さうしてここに弥陀なる絶対者と親鸞一人との関係を體認するのである」といい、「只この身の所有と考えられるあらゆるものを、捨てようとも、留保しようとも思はず、自然法爾にして大悲の光被を受けるのである。これが日本的霊性の上における神ながらの自覚に外ならぬのである」ともいい、その上さらに「個己の一人一人が超個己の一人に触れて、前者の一人一人が「親鸞一人がため」の一人になるのである。この妙機を摑むのが信である」とまで道破しておられます。

　この引用の最後の部分は、大悲の光被を受ける人の信が他の人々に伝わっていく機微、自然なる僧伽形成の源である出会いの真実に言及するものとして注目に値します。『観経疏』の「順彼仏願故」の一句によって転換した法然聖人の純信との出会いがあればこそ、親鸞聖人の「親鸞一人がためなりけり」という純一無雑な他力信が生れました。超個己の個の霊性的直覚において、「親鸞一人」は弥陀と一体であり、法然聖人とも一体です。「一切即一、一即一切」の超個、個我の意識を離れた無我の信境です。同書の中の大拙先生の「法然と親鸞を一人格にして見てよいのだ」という破天荒とも見えるご提言は、内に深く秘められた大拙先生の同質の体得から湧出したものに違いありません。

本書の真宗論集第一群には、「禅と浄土――二種の仏教経験」Zen and Jodo, Two Types of Buddhist Experience と「真と禅――その対照」Shin and Zen — a Comparison の二点の和訳が収録されています。大拙先生の人生の原点が世界の禅者として禅を西洋に伝えた点にあることはいうまでもありません。しかし、その世界的な禅者がどうして浄土真宗に深い関心を寄せ、日本語ばかりでなく英語でも真宗に関する著作を続けられたのでしょうか。大拙先生に真宗に関する論文が出現するのは、一九二一年に大谷大学教授となり英文仏教誌 *The Eastern Buddhist* を刊行し始めてから後のことです。唯一の例外は、一九一一年に佐々木月樵師とともに『本願寺聖人親鸞傳絵』を英訳し、同年「自力と他力」という随筆をものしたという事実だけです。ですから、大谷大学への就職が先生の真宗への関心を高めた大きな要因であったことは間違いありません。

もう一つ大事な素因がありました。これはほとんど無意識だったかも知れませんが、大拙先生の少年時代の想い出の中には、ご母堂が真宗的信仰体験をなさっていたという微かな記憶が残っていたそうです。母親の想い出と弥陀大悲を信受する真宗信仰経験の理解が、大拙先生の中でたとえ無意識でも深く重なり合っていたということはあるでしょう。

一九二七年の「禅と浄土――二種の仏教経験」は、真宗に関する英語論文としては前年の「仏教に於ける浄土教理の発達」The Development of the Pure Land Doctrine in Buddhism に続いて二番目の浄土論です。この論文は禅籍からの引用が多いせいか、今まで和訳されていませんでした。禅と浄土の比較論において大拙先生の目の付け所がどこにあったかは大事なので、同論文の結論の部分から二箇所を引用紹介します。真宗の一念の信の重要性を縷々説かれた後、「いまや私たちは、明らかに異なり互いに違う二つのタイプの仏教経験が一つに融合し、同一の根源的大乗精神を生きていることを理解できるようになりました。自力はここで他力であり、他力は自力です。つまり、自己性は他者性に現れ、他者性は自己性に現れています。これは、阿弥陀と信者の、つまり主客の、完全な相互浸透を意味しています。そして私たちは、仏教は結局一つであり、その明瞭な多様性にもかかわらず、一つなのであるということができます」と説き、「かくて、浄土門に見られる極めて信仰的な形の仏教的生がその「霊性的安らぎ」（安心）という最終段階においては禅タイプに近づき始めるということが観察されます。ここには本当に、仏教の異なった表現に一貫して流れる仏教経験の一如性がありますす」と結論しています。かなり早い段階から浄土門の信仰経験に大きな共感を覚えておられたことが伺われます。

もう一つの比較論「真と禅――その対照」は、一九五三年のロンドン仏教協会での講演記録ですが、親鸞聖人の「一念の信」の強調を紹介した後「集中的冥想から生ずる意識ないし無意識の絶対的段階があります。ここに到達すると、完璧な静寂から一つの意識―瞬間、つまり「一念」が現成します。そこから、「一念」、一思考―瞬間が出現します。神が完全な神性にあると、それは非存在、つまり完全な空の状態です。意識の完璧な統一状態から生ずるこの一念の発起が禅であり、真でありますす」と結語しておられます。

大拙先生は日ごろから、「ただ禅定で静寂に入るだけでは駄目なんだ、そこに一瞬目覚めるものがなくてはならない。それが大事なんだ」と仰っていました。禅のさとりであれ、真宗の信であれ、その一念の目覚めによって、大乗仏教の根底にある不可称不可説不可思議なる真実のはたらきに気づかせていただくことができるのです。

第二群には、「真宗とは何か」What is Shin Buddhism? と「無限な光」Infinite Light と「名号」The Name の三点が収録されています。これら三点の真宗論は、おそらくは一九五〇年のカリフォルニア滞在中あちこちの講演のために起草されたものです。三点すべてに触れる暇はないので、ここでは特に「真宗とは何か」の要点を取り上げてみたいと思います。というのは、『ミリンダ王の問い』におけるミリンダ王とナーガセーナ尊者の問答を引用しながらの「無我」の解説に、刮目すべき啓発的視点があったからです。

初期仏教における無我や縁起の説を理解するのは、容易ではありません。私たちの理解を困難にするのは、「無我」説によって否定される我（自己）がどんな自己なのか、縁起によって説明しているのはどのような現実なのかが、明確になっていないからではないでしょうか。大拙先生の解説は明晰です。仏教が「無我」として否定する「我」は、日常生活の中の普通の自己であると言われます。縁起の説というのも、そういう自己の現実生活の説明にほかなりません。「仏教徒がなぜアートマンを否定し、いわゆる無我の教義を立てるのかというと、その理由は、思考の対象となる普通の自己は本当の自己ではなく、分割された自己、仮定された自己、相対的意識の領域に生じた概念に過ぎないからです。これは仏教では否定されます。なぜなら、そのような概念は、単なる名であり、私たちの関心を固定する便利な方法に過ぎないからです。それに対応する実体はありません。だから、それに執着するのは馬鹿げています」と解説されていますが、現実にはそういう自己へ執着する愚かさの故に自害害彼の生活をするのが私たちの現実です。

浄土真宗では、そのような救いようのない自己の現実に出会うのと、そういうこの世の現実をまったく超えた真実に出会うのは同時頓起の出来事です。前者を「機」といい、後者を「法」といいます。深い内省を通して「機」が地獄一定の悪人であったと気づく時、その向こうからそのまま来いと呼びかける弥陀大悲の真実、絶対的「法」のはたらきに出会うのです。自己をどん底まで掘り下げてその先に会う法だからでしょうか、大拙先生はそれを絶対的自己とも呼びます。真宗人にはなかなか出てこない発想ですが、阿弥陀仏を絶対的自己と呼ぶことは、大乗仏教において絶対他力の法は常楽我浄（涅槃の四徳）とも説かれることを思い起こさせます。

「前者を法といい、後者を機といいます。すでに使われている用語を使用するとして、法は絶対的自己であり、機は相対的概念上の自己です。真宗は、この法と機は一つであり、この一体性が解れば、絶対的自己が何であるか、阿弥陀が何であるか、その浄土が何であるかが解り、人間存在の運命がどんなものであるか、人生の意味がどんなものであるかが解ると教えます。しかしこれに関連して、決して見逃してはならない最重要な一点があります。それはこういうことです。法と機の一体性は、その二元性を損なわないということ、機と法は一つであってしかも二つであり、二つであってしかも一つであるということです。この教義は、無礙の教義、融通の教義として知られています」と結論し、それを実証するものとして妙好人浅原才市の歌をたくさん引用して終わっています。

「無限な光」と題する光明論も、「名号」と題する名号論も、浄土系経典や論釈を依用しながらの教学的解釈は、これまでは思いつきもしなかった、自由で新しい洞察を開示しています。ここで詳細に紹介する暇はありませんが、好奇心をそそるそのような観方の数々は、東洋的なものを別な言語で表現する絶えざる努力の中から生れたに違いありません。

さて、和訳真宗論集の第三群に収められているのは、「妙好人才市の研究」A Study of the Myōkōnin Saichi と「妙好人」The Wondrous Good Man の二篇です。

先に紹介した『日本的霊性』においても、蓮如上人の弟子の道宗や石見の妙好人である浅原才市が、日本的霊性的覚醒の真髄を示す人々として、多くのページを割いて紹介されていました。どうして大拙先生は、禅宗史でいえば不生禅の盤珪禅師、真宗史でいえば道宗や庄松や才市といった妙好人、それぞれの伝統の中で周辺的でしかなかったそういう人々を掘り起こして、日本精神史の最高峰として世界に紹介することができたのでしょうか。それは、紙背にある生きた宗教経験を見抜く炯眼が具わっていればこそだったと思われます。先生には常に宗教経験そのものという視点がありました。視点があったというよりも、それは、本物があれば直ちにそれに反響する同質の生きた宗教経験が先生の内にあったからだといった方がよいかもしれません。大拙先生は、娑婆と浄土を入出自在な宗教的生を生きておられました。平常心是道、日常生活がそうでした。厖大な著作活動もそのような日常生活の一環だったのです。

大拙先生に妙好人論は多いのですが、一九五一年に書かれた「妙好人才市の研究」は、かなり力の入った本格的な論文です。ですから、そこにはたくさんの啓発的な所見が鏤められているのですが、そのすべてに言及する余裕はありません。その数ある達見の中でもどうしてもこの文脈で取り上げたいものが一つだけあります。それは、才市における罪の概念であり、ひいては浄土真宗の罪意識の解明に繋がるものです。

罪の問題の具体的な解明に入る前に、私たちが知っておかねばならないことがあります。特にこの英語の論文において、大拙先生は罪を語る場合に、それを安易に英語の sin に置き換えず、日本語のローマ字表記 tsumi（ツミ）を使用しているということです。それは、キリスト教的な罪の概念と仏教的な罪の概念の短絡的混同を避けるためにほかなりません。キリスト教の罪というのは、私の理解するところでは、エデンの園におけるアダムの原罪のごとく、神の前に立つ個々人が個人として神の掟に背く行為です。それは極めて個人的な出来事だというところに特徴があります。

仏教の罪・罪悪・罪業の概念には、個己の行為というに止まらず、生きとし生けるものの身口意の業は他に影響を与えるものだというより広い認識があります。もちろん、つねに他から影響を受けていることも事実です。そこには、すべては縁って起こっているという縁起の認識があるのです。相互に依りあっている生きものとしての私たちは一人ひとり、いつも他に影響を与えつつ、同時に他の影響に曝されてもいます。そしてそのすべてが、自己中心の暗闇の中で起こっています。それが私たちの流転輪廻の業苦の実相です。私たちの流転の実相を示す縁起の理は、しかしながら、それはそのまさとりの原理でもあります。果てしない業苦に沈む自分にまで届く大悲のはたらきに気付かせていただくその一瞬に、その目覚めの一瞬に、その信心開発の一瞬に、安らかな光に満ちた解脱の世界に出させていただくのです。大拙先生は、限りなく大きな罪を犯す身がそのまま弥陀の大悲に抱き取られたところを喜ぶ、才市の歌を引用しておられます。

つみわ（罪は）　むりよのやく（無量厄）あり
はちまんしせん（八万四千）のやくあり
いそがし　いそがし
なむあみだぶに　つかわれて
わるいもの（悪いもの）　ゑもの（善いもの）と　ひとつになりて
をやのをかげ（親のお蔭）よ　なむあみだぶつ　なむあみだぶつ

（『定本妙好人才市の歌三』三一六頁）

才市さんと同じように、阿弥陀仏の大悲に目覚めた女子学生が英国にいます。最近ロンドンで開催された浄土真宗のオンライン・リトリートに参加した彼女は、「もちろんコロナ・ウィルスは悪いのですが、ある意味私の内にもウィルスとの類似点があります。私は生き残りのために常時ほかの人々に依存しがら、頻繁にその依存している人々を自分の言葉や無知で傷つけます。そうなった時でも私はまだ自分のことばかりを考えていて、自らの終わり無き欲望を抱きながら、ちょうどウィルスにとっての宿主のように、かならずや私を依存させてくれるであろう次の人へと移っていきます」と近来の所感を披瀝し、その深く安らかな信境を聞いた英国同行は一様に大きな感動を覚えたことでした。

大拙先生の罪の概念についての所見というのは、複雑なものではありません。実に簡単明瞭です。煩悩が罪だといわれます。『歎異抄』の第一章に、

弥陀の本願には、老少・善悪のひとをえらばれず、ただ信心を要とするとしるべし。そのゆへは、罪悪深重、煩悩熾盛の衆生をたすけんがための願にてまします。

（『真宗聖教全書』第二巻、七七三頁）

とあります。「罪悪深重」と「煩悩熾盛」は別なことではなくて、これは「罪悪深重煩悩熾盛」と一気に読むべきところです。煩悩は罪悪と別ではありません。煩悩に執着するところに苦悩と疑惑が生じ、あらゆる自損損他の罪の根本原因となるのです。大拙先生いわく、

「このような解釈の下での「煩悩」は、「罪」に当たると見なしてもよいでしょう。現在する他力との接触を妨げる二つの大きな障害、「自力」と「疑い」が一掃された後でも、「煩悩」はまだ才市に残っています。才市はこれら二つの障害をすべて取り除いてもらって、あらゆる苦から解き放たれ、阿弥陀と手を取り合いながら歩みます。時には、自分が阿弥陀そのものであるかのように、この艱難の世にありながら同時に浄土にいるように感じます」と。

大拙先生はまた、

「「煩悩」は集合名詞であり、個々に数えあげれば、八万四千項目の多きにのぼります。人の意識の小さな裂け目のすべてに入り込んでいて、実に意識そのものを構成しているのです。「煩悩」は、こういう相対的な条件付の存在です。この存在がある限り、「煩悩」はあります。ですから、人間存在、人間の意識、そして「煩悩」、これら三者は同義語です。煩悩は、私たちが生きている限り、取り除くことはできません」

ともいわれます。

私たちはこの世に生きている限り、煩悩を免れることはできません。煩悩具足の凡夫として罪悪深重の身です。阿弥陀如来の大悲に照らされて、跳梁跋扈する生の煩悩を見るたびに、才市さんは「あさましあさまし」と罪を懺悔の念仏、それと同時にその身を摂取不捨の心光を感得しては「御恩うれしや」の歓喜念仏、実に如来大悲の妙用を体現したこの妙好人の大安心の信境を愛でて、大拙先生がこの論文の最後に引用した歌はこれでした。

うみにわ（海には）　みずばかり（水ばかり）。
みずをうけもつ（水を受け持つ）　そこ（底）あり。
さいちにわ（才市には）　あくばかり（悪ばかり）
あくをうけもつ（悪を受け持つ）　あみだ（阿弥陀）あり

うれしや　なむあみだぶつ　なむあみだぶつ

（『定本妙好人才市の歌一』一八八頁）

本真宗論集の第四郡に配されているのは、「英訳『教行信証』へ序」A Preface to the *Kyōgyōshinshō* (unfinished) 一篇だけです。*The Eastern Buddhist* (New Series) Vol. VI No. 1に掲載した時に断っているように、これは未完の原稿です。大拙先生が用意されたものではあるが、明らかに未完の原稿だという理由で、一九七三年に真宗大谷派から出版された鈴木大拙英訳『教行信証』には使用されませんでした。ただし、二〇一二年にOxford University Pressから出版された同書にはTranslator's Newly Edited Introductionとして加えられています。この「英訳『教行信証』へ序」は、『教行信証』の著者である浄土真宗の開祖親鸞聖人の紹介に続いて、『大無量寿経』に語られる阿弥陀仏の物語の詳細な哲学的解説と『教行信証』の内容である他力信仰の宗教学的解明がその内容となっていて、西洋の読者に向けての説明には、日本人にとっても面白い大拙先生独特の見解が鏤められています。特に大拙先生の法蔵菩薩論と他力観と横超の解釈には驚嘆すべきものがあるのですが、読者諸氏のご熟読を祈念してここでその詳細に入ることは避けたいと思います。

一九七三年出版の英訳『教行信証』を編集していた時、大拙先生の秘書だった岡村美穂子さんからいただいた先生のA４三ページのノートが私の手許にあるのですが、これはこの「英訳『教行信証』への序」を捕捉するためのメモだったようで、深遠な内容の哲学的断片です。まことに残念なことですが、その素晴らしい発想のほとんどはこの未完の序文にまだ書き加えられていません。ここではそのメモの中から二点を取り上げて紹介したいと思います。

一つは「煩悩の活動という事実そのものが、私たちの内にあって私たちを超えている何かを希求させるのである。この希求は「本来の体」のはたらきであり、その事実は法蔵の物語として神話の形で私たちに与えられている。その希求は祈りである」という一節です。それは初めて見た時から五十年以上も私の心に響き続けている言の葉です。「私たちの内にあって私たちを超えている何か」とは何か。それは、浄土真宗でいえば、阿弥陀仏の「本来の体」です。阿弥陀如来の法性法身、あらゆる形を超えた不可称不可説不可思議の真実そのものです。煩悩具足の私たち、生きとし生ける者の内に、私たちを超えた何かがあればこそ、煩悩まみれの私たちがそれを希求するのです。希求せしめるものは、内に超えてある法性法身のはたらき、方便法身なる法蔵菩薩の本願にほかなりません。そのはたらきは他力、絶対他力です。如来大悲の顕現としての本願力、絶対他力の大悲が一切衆生の上にはたらいているという「その事実は法蔵の物語として神話の形で私たちに与えられている」とおっしゃっています。

広くは「煩悩即菩提」という大乗仏教の要義、近くは『教行信証』中の「不断煩悩得涅槃」の一句を思い起こさせる一節ですが、このようにして浄土真宗信者の信仰体験の内に分け入って内側からそれを解明する作業を続けてくださった大拙先生のご恩徳は計り知れません。

もう一つは、上記の一節に続く文章です。「その希求は祈りです」という最後の短文を受けて「その祈りは外の誰にも向けられていない。祈りは、家に帰りたい、自分自身に帰りたいという願いである」という二行です。

英訳『教行信証』の最初のタイプ草稿において、「願」にはvow（誓い）という訳語が当てられているのですが、度重なる推敲を経て、それはprayer（祈り）に変えられました。その事実を考慮に入れると、このA４三ページのノートは、英訳『教行信証』の編集作業がかなり進んだ段階で、この序文に追加するために用意されたメモだったことが判ります。

「その祈りは外の誰にも向けられていない」とは、どういう意味でしょうか。岡村美穂子さんから、「大拙先生は、objectless prayer（対象のない祈り）とおっしゃっていました」と聞きました。普通祈りというと、神仏に向って何かを祈るのです。しかし、ここでいう祈りは、そういう外に向かっての祈りではなく、内に向っての祈りです。大拙先生のメモ用紙には「家に帰りたい、自分自身に帰りたいという願いである」と記されています。法蔵菩薩の本願というのは、内に向けての切実な祈りなのです。普く衆生とともに我が家に帰りたい、自分自身に帰りたいという祈りであり、それは同時に私たち衆生の如来の家に帰りたいという希求です。私たちの真剣な希求は法蔵菩薩の祈りであり、法蔵の切実な祈りは私たちの希求と一つです。それは、大慈悲心の無礙自在な円環的はたらきです。

結論に向う文脈の中で、一箇所だけ「英訳『教行信証』へ序」そのものから引用させていただきたいと思います。それは客観的な目で見れば、なんでもない平凡な言葉かもしれませんが、私の心を揺り動かした大拙先生のご一言だからです。それは、

「本当のところを言えば、内を向くや否や私たちは、いかに微かであろうとも、無限なるものに気

付くのです」という一文です。最近のことですが、独り静かに坐っている時に、突然この言葉が思い出されて、本当は内を向いたことのない自分のすがたに気付かせていただきました。見えてきたのは、まずは、愚かで、欲張りで、怒っている煩悩ばかりの現実。ところが、そういう自分がそのまま、自分の内にあって自分を超えている無限なる大悲のはたらきに支えられていることに気付かされた一瞬、南無阿弥陀仏、南無阿弥陀仏のほかありませんでした。「南無阿弥陀仏になってしまうだけだよ！」。最初の出会いで賜ったこのお言葉は、今なおここにはたらき続けてくださっています。

「無限なるものに気付くのです」とおっしゃっていますが、自分の内にあって自分を超えている無限なるものとは、まったく言葉を超えた無形の真実、大乗無上の法にほかなりません。大拙先生は、浄土真宗の他力の教えは大乗至極の法の日本での開花だとおっしゃり、ここに収録した英文論集でもさまざまな形でその他力の妙用を説き尽くしてくださっています。

幸いにも浄土真宗の真実に出会い、同行善知識のお慈悲に護られ続け、あまつさえ大拙先生の真形を拝みつつ、お浄土へのこの一筋道を歩ませていただく幸せを心よりお礼申し上げて、鈴木大拙英文真宗論集『真宗とは何か』への序とさせていただきます。　合掌

二〇二〇年十一月五日　　ロンドン三輪精舎にて

真宗とは何か　目次

妙好人　195

IV

英訳『教行信証』への序（未完）　213

凡　例

一、引用文献および本文の漢字は、常用体のあるものは常用体を使用した。

二、『イースタン・ブディスト』誌にすでに発表された論文で、発表時に編集者がつけた註は（原註1）と示し、各論文末に収載した。

三、本書刊行にあたって、新しく訳者がつけた註は〈訳註1〉と示し、各論文末に収載した。

四、章立てと小見出しに関しては、特に訳者註で断ったところ以外は、読者の便宜を配慮して割付け命名した。

五、収録された和訳文は新しく、すべて原著者が生前に眼を通したものではない。

真宗とは何か

1953年秋マサチューセッツ州イプスウィッチの浜辺にて。Francis Haar 撮影。

I

禅と浄土――二種の仏教経験〈原註1〉

一、信仰的仏教と思索的仏教

たとえ表面的であっても、東方の大乗仏教を学んだ人であれば、そこには少なくとも二つの異なったタイプ、信仰的なものと思索的なものの二種があるということに気付くでしょうし、そしてその二つには明瞭な区別があり、根本的にと言ってもいいほど相違しているので、仏教という同一の思想体系に属しているとは認められないかもしれません。たとえば、法然（一一三三～一二一二）や親鸞（一一七三～一二六二）〈原註2〉からの引用文を臨済（八六七年没）のそれと比べてみましょう。

法然は、

我今浄土宗を立る意趣は、凡夫の往生を示さんが為也。若し天台の教相によれば、凡夫往生をゆるすに似たりといへども、浄土を判ずる事至て浅薄也。若法相の教相によれば、浄土を判ずる事甚深也といへども、全く凡夫往生をゆるさず。諸宗門の所談異なりといへども、惣て凡夫報土に生ずという事をゆるさず。〈訳註1〉〈訳註2〉

と言い、

ここにわがごときは、すでに戒定慧（かいじょうえ）の三学〈訳註3〉のうつは物にあらず、この三学のほかにわが心に相応する法門ありや。わが身に堪（たへ）たる修行やあると、よろづの智者に求め、もろもろの学者にとぶらひしに、おしふる人もなく、しめすともがらもなし。しかるあひだ、なげきなげき経蔵にいり、かなしみかなしみ聖教にむかひて、てづから身（み）づからひらきて見しに、善導和尚〈原註3〉の観経の疏にいはく、「一心専念弥陀名号、行住座臥不問時節久近、念念不捨者、是名正定之業、順彼仏願故」といふ文を見得てのち、われらがごときの無智の身は、ひとへにこの文をあふぎ、もはらこのことはりをたのみて、念々不捨の称名を修して、決定往生の業因にそなふべし。ただ善導の遺教信ずるのみにあらず、又あつく弥陀の弘願に順ぜり。「順彼仏願故」の文ふかくたましひにそみ、心にとどめたる也〈原註4〉。

と言います〈訳註4〉。

親鸞には、

弥陀の誓願不思議にたすけられ参らせて往生をば遂ぐるなりと信じて、〈原註5〉念仏申さんと思ひたつ心の発るとき、すなはち摂取不捨の利益にあづけしめ給ふなり。弥陀の本願には老少善悪の人をえらばれず、ただ信心を要とすと知るべし。その故は、罪悪深重煩悩熾盛の衆生をたすけんがための願にてまします。しかれば本願を信ぜんには、他の善も要にあらず、念仏にまさるべき善なきが故に、悪をもおそるべからず、弥陀の本願をさまたぐるほどの悪なきが故に〈原註6〉。

という文があります〈訳註5〉。

これらの引用は、信仰型の仏教生活の見本であり、先達としては中国に曇鸞（四七六～五四二）、道綽（五六二～六四五）、善導（六一三～六八一）、慈愍（六七九～七四八）等、日本に源信（九四二～一〇一七）、法然（一一三三～一二一二）、親鸞（一一七三～一二六二）、一遍（一二三九～一二八九）等がいます。彼らはその典拠をいわゆる浄土三部経に見出します。*Greater Sukhāvatī-vyūha* という『大経』と『観無量寿経』と *Smaller Sukhāvatī-vyūha* と呼ばれる『小経』〈訳註6〉です。善導の『義疏』や法然の『選択集』や親鸞の『教行信証』のような作品を精読すれば、彼等の思想がどれほど堅固に、より善い世界への往生という信仰に依拠しているかが解ります。なぜなら、彼らは自らを絶望的に罪深い人間として叙述し、彼らの平安と幸福はまったく阿弥陀の愛に抱かれてその安楽浄土に往生するという点に基づいているとしているのですから。今この深い宗教的心情と信仰的姿勢を、唐代の主要な禅匠の一人である臨済の以下の言葉と比べて見ましょう。

「今時、仏法を学するもの、且らく真正の見解を求めんことを要す。もし真正の見解を得れば、生死染せず、去住自由なり。殊勝を求めんと要せざれども、殊勝自ら至る。道流、〈訳註7〉ただ古よりの先徳の如きんば、皆な人を出す底の道有り。山僧が人に指示する処の如きんば、ただ你が人惑をうけざらんことを要す。用ゐんと要せば便ち用ゐよ、〈原註7〉更に遅疑すること莫れ」

「如今の学者得ざることは、病い甚れの処にか在る。病い不自信の処に在り。你若し自信不及なれば、即便ち忙忙地に一切の境に徇って転じて、他の万境に回換せられて、自由を得ず。你、若し能く念々馳求の心を歇得すれば、〈訳註8〉便ち祖仏と別ならず」

「你、祖仏を識ることを得んと欲す麼。祇だ你が面前聴法底是なり。学人信不及にして、便ち外に向って馳求す。設い求め得る者も、皆な是れ文字の勝相なり。終に他の活祖意を得ず」

「錯ること莫れ、諸禅徳、此の時遇わずんば、万劫千生、三界に輪廻して、好境に徇って掇り去って、驢牛の肚裏に生まれん〈訳註9〉」

「道流、山僧が見処に約せば、釈迦と別ならず。今日多般の用処、什麼をか欠少する。六道の神光、未だ曾て間歇せず。若し能く是の如く見得せば、祇だ是れ一生無事の人なり」

「大徳、三界無安、猶如火宅〈訳註10〉。此は是れ你が久しく停住する処にあらず。無常の殺鬼、一刹那の間に、貴賤老少を揀ばず。你、祖仏と別ならざらんことを要せば、但だ外に求むること莫れ〈原註8〉〈訳註11〉」

二、浄土門（他力）と聖道門（自力）

善導やその他の念仏聖に代表される信仰的タイプが、仏教学者の間で術語としては「他力」派として知れ渡っているのに対し、禅によって例証される思索的、理知的タイプの方は、「自力」と呼ばれており、これは文字通り自己の力を意味します。なぜなら、禅は師匠たちに定められた目的達成のための自らの努力を頼りとするのに対し、浄土宗と真宗は阿弥陀仏に信者の浄土往生を助けてくれるように要請するからです。彼らは浄土において無上覚がさとれると期待しています。自己鍛錬に要する現実的困難を考慮して、浄土門は「易行道」であると言われ、自力の行者が歩む「難行道」と対比されています。自力宗は「聖道」とも呼ばれます。というのは、これは、過去の業縁によって豊かな才能を恵まれ自らの道徳的努力（vīrya 精進）によって完成への階（きざはし）を登ることのできる神聖な菩薩たちだけの道だからです。

この世の邪悪さと罪人としての無力さに打ち拉がれるとともに、さとりと自由のためにしなければならない道徳的努力の果てし無さに圧倒されて、浄土の行者は極度の失望と限りない苦悩の状況に置かれました。その溺れている人びとは、しがみつく一片の藁（わら）さえもないその時、限りない光に包まれている方を見ました。阿弥陀の本願が彼らの最後の帰依処でした。「汝ら、自らの灯火たれ」という仏陀の命令にもかかわらず、彼らは「無量光」に突き進み、「無量光」に浸されて、強くなり、元気になり、清められ、目覚めたように感じました。彼らは、仏陀が弟子に残した教えはいずれも、師仏の滅後久しく経ってこの世に生まれ、師仏に直接会うことのできなかった、心弱く罪深い者のためではなかったと、感じかつ考えたのでした。彼等の霊性的経験は、ニカーヤやアーガマ（阿含）とは違う何かを求め、仏陀より伝来と主張する全ての経典の中から自分達の望むものを探し求めました。もしそのような文献が文学や伝承という形で実在しないのであれば、彼らは、仏陀が『ジャータカ（前生譚）』において語り、その最後の地上生活そのものにおいても証明したように、一切衆生への愛のために限りない転生を繰り返した仏陀の内面に基いて、躊躇うことなく彼らの望む文献を編纂したのでした。

この点、禅によって例示される思索的理知的タイプの仏教は、初期文献で見る限り、瞑想的内省的な心構えが顕著な釈迦牟尼仏の教義によりよく合致しているのです。多くの点で菩薩は阿羅漢ではなく、おそらく両者の相違は聖道と易行の相違ほど大きく離れています。しかしながら、菩薩が自立心のある自己鍛錬的な仏道修行者であるならば、それは本質的に阿羅漢です。両方ともが正覚の実現に向けて努力しています。もし絶えざる努力と飽くことなき気力によって自覚に達するならば、どれほど長くこの世の輪廻を繰り返さねばならないとしても、彼らはそれを気にしません。彼らは個人主義的で道徳的完成の大いなる信奉者なので、決して他者が蓄積した功徳の貯蔵を当てにはしません。彼らの道徳的因果律の見解は、排他的自己充足的であり、念仏行者の抱く見解ほど普遍的包括的ではありません。聖道には茨が生い茂っており、人間性の一面を満足させる道徳的責任感に覆われています。私たちは、不思議な正反対の結合であり、単独な孤高性と同様に社会的群居性も心に訴えるのです。

ここで、浄土教の諸師が彼らの特別な観点から仏教の組織全体をどのように概観しているかを見てみるのは、場違いなことではないでしょう。なぜなら、読者はそれによって、禅タイプと浄土タイプの仏教経験の間に存在する両者の関係史を自ら理解できるようになるだろうし、そしてまた「自力」と「他力」、「難行」と「易行」、「聖道」と「浄土」のような極めて専門的な用語も、さらに解りやすくなるだろうからです。

浄土真宗の開祖、親鸞によれば(原註9)、仏教は大きく二つのグループ、大乗と小乗に分けられ、大乗はさらに二つの部門、「頓教」として知られているものと「漸教」として知られているものに分けられます。大乗仏教の「頓教」部門には、二種の「教」と二種の「超」があります。二種の「教」は、「聖道」の教えである「難行」と「浄土」の教えである「易行」です。二種の「超」というのは、主体性の原則によってさとりを達成することを意味する「竪超」と、阿弥陀の本願を信ずることによって浄土に往生することを意味する「横超」です。大乗仏教の「漸教」にも二種の「教」と二種の「出」があります。その二種の「教」とは、たとえば、「法相宗」の人びとの唱導する「聖道」の教えの「難行」と『観経』に説かれている「浄土」の教えの「易行」です。二種の「出」というのは、長期にわたる道徳的修練によってさとりを達成することを意味する「竪出」と、浄土の辺境への往生を意味する「横出」です。

このやや複雑な分類は、次のような図で表すとより明瞭になるかもしれません。

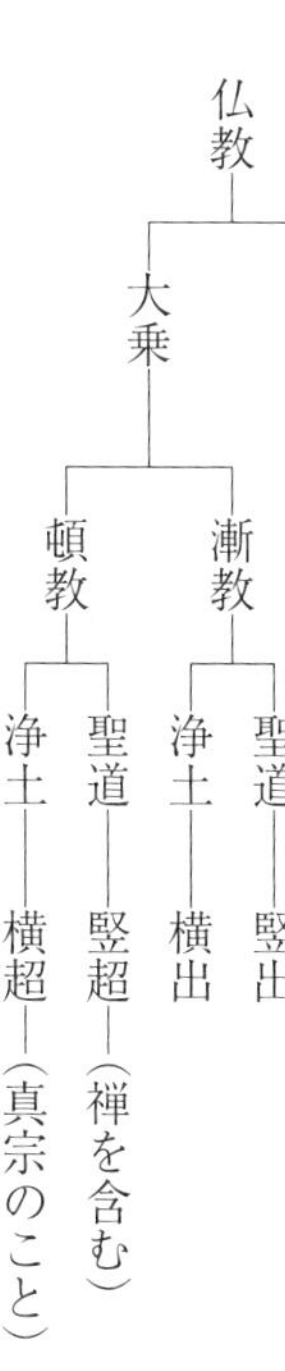

これで解るように、親鸞が、真宗が浄土門の中で占めるのと同じ位置を禅が聖道門で占めていると考えていたことは明らかです。なぜなら、一方は「竪」で他方は「横」という違いはありますが、両方ともが「頓」なる「超」だからです。

浄土宗西山派の指導者であった証空も、仏教諸宗について自分なりの図を案出しました。〈訳註12〉これは、禅と浄土の立場に関して、かなり啓発的、啓蒙的です。次の対照表は、そういうものが聖道門と浄土門の間に存在すると考えた、証空の観点に倣って編集したものです。

	聖道	浄土
目的	この世で無明を除き成仏	死後浄土に往生
手段	自力―智慧―禅定―苦行	他力―慈愛―本願の信仰
道徳	功徳の蓄積に依拠	功徳の蓄積は不要
通路	迂回路　陸路	直線路　水路
師仏	釈迦牟尼	阿弥陀
所化	聖人	凡夫
特徴	易信	難信
	難行	易行
	漸進	超躍
	時期不相応	時期相応
	限定的適合性	普遍的妥当性

これら二種の仏教経験は、このように最終的救済達成方法がどれほど大きく異なっていようとも、両方とも人生を苦と見る仏教的観点から始まっているということは疑いありません。両方とも、何事にも喜びを見出せないこの苦悩の人生から免れたいと思います。浄土門の人びとは、全ての人びとを自分の国土に歓迎する阿弥陀の浄土に、より善くより清らかな生を見出します。禅者はその反対に、深く内省すれば自己自身の内に見出される生死の範囲を超えた超越的領域に帰入します。

しかしながら、仏教徒は、苦ということによって、人生は心理学的に苦であると説明されるのであるから、それ故に人生は忌避されるべきだということを意味しているのではありません。無分別な批評家の多くは、仏教の人生は苦であるという見解の故に、仏教を悲観論的、厭世的であると見做しています。しかし、実際は、この仏教の苦の思想は、有限で、限定され、相対的で、条件付きな、私たちが生きている人生についての仏教的な判定の仕方なのです。だから、この人生は、仏教徒にとっては、超越し、習得し、伸展し、浄化すべき何かです。多様な側面を持つその宗教的生は、限界の意識とその結果としての束縛の概念から始まります。この束縛が苦通と感じられるのです。苦痛を遁れるためには、それ故、束縛から解放されねばなりません。そして、これが積極的意味を持つとき、それは無限なものと合一し、無条件なものに抱かれることになります。宗教というものは全て、現生の限界を突破する必要性を感じるのですから、悲観的に始まらざるを得ません。

三、他力——阿弥陀仏による救済

浄土と禅は、同様に人生を苦と見るところから出発するのですが、浄土は仏教的経験の知的側面よりもその情的側面に力点を置いてそれを発展させました。こうして、浄土の行者は、苦を自らの道徳的不備のためである、つまり、前生の業の結果として彼らの罪深さのためであると考えるのです。彼らは、完全でありたいと思うし、罪から自由になりたいと思うのですが、自分の重い業繋の故に重過ぎて担いきれないということが解ると、誰か罪からまったく自由であり自分達を苦境から助け出してくれる人を探します。彼らはそれを阿弥陀に見出すのです。

阿弥陀は、時間と空間に限りのある人類史上にかつて存在したことがあるという意味での歴史的人物ではなく、霊性的願望の超越的領域に生きている人です。彼は、客観的世界が存在するのと同じ意味ではリアルでないかもしれませんが、まさしくそれ故に時—空関係の中に存在する何者よりもリアルです。もし、私たちが単なる物理的ないし生物学的実在以上のものであるということが、疑う余地のない事実であるとすれば、阿弥陀が単なる歴史的人物よりもリアルであるということは、同様に疑う余地のない事実です。この阿弥陀にはその浄土があり、浄土の叙述は時おり空間的存在を示唆しますが、これもまた時—空関係には制約されていません。阿弥陀は彼の浄土を一切衆生のために、彼らの最も深い霊性的願望が満たされる場ないし共同体として持ちたいと思い、それは正覚を取ったときに実現されることになりました。そういうことですから、苦悩し思い煩う無力な人はすべて、この共同体の一員になりたいと思うならば、今や阿弥陀の愛と智慧の中で一つになりそれを分ち合うことができるのです。

それゆえ、浄土門は、生死の海の彼岸に阿弥陀がおり、此岸に罪深い人間がいるということで、二元的です。両者の距離は、後者—罪深い人間—がその罪深さと汚濁の状態を意識すればするほど、ある意味では増加していくのですが、別の意味では、その距離は短くなって阿弥陀とその信者の間に最も親密な関係が生じます。それ故に、浄土門がその教義において最も強調する点は、私たち全てがこの地上で送る罪深い生活です。その教えによれば、私たちは過去の業のために罪深いのです。必ずしも、次から次にさまざまな悪業を犯しているからではありません。これを理解すると、私たちは必ずや阿弥陀の無限の愛に気付かされ、熱烈に阿弥陀の摂取を願います。

阿弥陀と信者の間の距離は、罪の意識が宗教生活の基礎となっている限り、決して詰められることはありません。信者たちは、その哀願の対象に対して非常に近い関係を感じるかもしれませんが、その二元的な感覚はこの世の生活の終わりまで残るのでしょう。信者たちには、阿弥陀と彼ら自身の間に存在する同質性の事実を認識するということがあるかもしれません。なぜなら、人間と同じ性質のものが阿弥陀の中に何かなければ、阿弥陀はその崇拝者たちの苦悩を理解できないだろうし、彼らの哀願に耳を傾けることもできないだろうし、彼らが必要としている助けを彼らに送ることもできないだろうからです。そして、阿弥陀の側の信者の心を読むことができるというこの能力は、彼らと阿弥陀に何か共通のものがあるということを示しています。事実、阿弥陀はかつて私たちの中の一人でしたし、阿弥陀がこの世の煩悩を完全に免れて、今彼の信者であるかつての同僚の救済者となれたのは、その仏性の完全な成熟によってでした。今私たちが苦しんでいるように阿弥陀もかつては苦しんでいたという事実が、阿弥陀に対して私たちの心に至近感を覚えさせるのであり、おそらくは救済の可能性そのものは、私たちの内に阿弥陀自身が現在するという私たちの意識の目覚めに起因しているのです。もしこれが本当にそうであるなら、同質性の理論は今ここで自己同一性の理論に変わるでしょうし、二元論は浄土宗と真宗の信者の心に存在しなくなるでしょう。しかしながら、「信仰によってのみ」が救済の鍵であるというのであれば、業に繋縛された人間の汚辱状態と阿弥陀は永遠に対峙することになるでしょう。〈訳註13〉

四、自力――有限を超えて無限に

この二元論的な信仰タイプの仏教と比べれば、禅タイプは疑いなく知的であり一元論的です。人生を苦であると見る人生観は、禅では知的に取り上げられます。苦の原因は、私たちが有限でありさまざまな限定的条件下に生きているからだとされます。それ故、安楽、自由、至福の状態に達するために、禅者は無限なるものを捉えんとします。彼らは、彼らの有限の意識の下深くに何か無限なものがあることを知っています。なぜならば、そうでなければ、自分が有限であり繋縛のもとにあることに気付くことさえできないだろうからです。それ故、彼らはまた、この無限なるものが明瞭に意識にもたらされ同一性の感覚が確立されれば、仏教哲学者たちがさまざまな項目に分類する情念や欲望に苦しむことがもはやなくなることを知っています。

禅仏教はこのように自然に思索的であり神秘的です。その視線は「此岸」よりも「彼岸」に向けられています。一微塵に無限を見て、この一瞬間が永遠と合流することを知っています。もし禅者と共に阿弥陀がいるとすれば、阿弥陀は直ちに彼ら自身と同一視されます。阿弥陀は浄土の蓮華上に静かに趺坐しているのではなく、阿弥陀は彼らと共にあり彼らの内にあり、彼らが手を動かせば阿弥陀も手を動かし、彼らが歩けば阿弥陀も歩きます。阿弥陀は十万億土の彼方に在るのではなく、まさしくこの地上に居るのです。このように、二元性ではなく、一如性が禅仏教の基調です。

満足は禅と浄土に共通な心情ですが、禅の人びとは、その人生に平静を乱すものは何も無いかのごとく冷静であるのに対し、浄土の人びとは、その人生の至極些細なことに対してさえも感謝の情に満ち溢れています。もし禅が聳え立つ孤独な冬の雪嶺であるとすれば、浄土は広々とうねる波の春の海です。禅は瞑想し、浄土は感謝する。禅は同一感に酔い、浄土は常に溢れる喜びを覚える。禅匠は世に超出し、ほとんど彼岸に渡りきった英傑として尊敬され、浄土の信者は始めから世に塗れ、全ての人を自分と同様に苦しむ仲間だと思います。禅門は、世俗的生活をさとりの実現に資するところなしとして退け、浄土門は、世俗の生活を業繫の身には不可避として受け容れ、死後にのみ繫縛からの解放を願うのです。禅の学徒は、最高段階の自己同一に達するために自分の能力の限りを尽して自己鍛錬します。浄土の信者は、自らの目前の生活に没頭して、そこにある一切の繋縛は阿弥陀の荷負に任せます〈訳註14〉。

禅タイプの仏教神秘主義に当たるものは、キリスト教ではエックハルトの説教集〈訳註15〉に見出せるでしょうが、浄土タイプの仏教神秘主義、特に真宗のそれは、キリスト教においては、福音主義のソラ・フィデ（信仰のみによって）の教えに、それに対応するものを見出します。禅には、心を集中させるための実際的な心の修行方法があり、その集中から真実の直感が起こるのです。この修行法がエックハルトにはありません。なぜなら、彼の説教集は全て領解そのものに関してばかりであり、そこに至る道に関するものはないからです。インドの思想文化の直接的な流れを汲んであり、禅はキリスト教神秘主義とは、特に実際の修行において、異なります。浄土も同じで、キリスト教に類似する物のない独自な定型句があります。

五、浄土の信の定型句としての念仏

浄土の信の定型句は、南無阿弥陀仏（namo-amitābha-buddhāya）〈訳註16〉であり、念仏（仏を念う）ともいわれます。それは、字義としては、「阿弥陀仏への礼拝（もしくは、敬意）」を意味するのですが、しかし今日称えられているその定型句は、特別にその最初の意味に言及しているわけではありません。なぜなら、その仏の名は主として自らの信仰の表明として称えられているのですから。

南無阿弥陀仏というこの定型句の解釈法に関しては、信仰的タイプの仏教経験である浄土門には、並び立ついくつかの異なった思想傾向が認められるでしょう。信者がこの定型句を復唱するとき、現実にはその含意を意識していないかもしれませんが、その心理学的態度を分析すると、念仏に入るには次の三種の動機というか道があることに気付きます。そしてこれら三種の動機は、その意味の理解に異なった思想傾向を定めることになります。第一は、完全にさとりきってさまざまな種の束縛から解放された人としての仏陀を念ずる、第二は、経典にいわれているように無量の功徳をもつ名号を称える、第三は、迷子になった子がその母を呼ぶように、この世のすべての苦悩と精神的艱難から遁れる帰依処として、阿弥陀仏の名を呼ぶのです。

歴史的には、念仏（buddha-anusmṛti）〈訳註17〉は仏教徒の考えるすべての功徳を所有する仏を思うことを意味していました。仏を思うと、仏の具える功徳が信者の心に次第に生じてくるのです。だから、念仏は道徳的修練の方法です。初期仏教というか小乗仏教文学で念仏というと、こんな風に理解してよいでしょう。

第二の称念型は、名の不思議が認識されるようになってから、発達しました。実際、インド人たちは、その歴史の初めのころから、大いなる呪文の唱導者であって、名に隠されている不思議な力を認識していました。だから、インドの古典文学の至るところに、非常に多くの魔術的な定型句への言及が見られるのです。おそらくこれはまた、浄土経典になぜ阿弥陀仏がその名の大千世界に知れ渡ることを願ったと書かれているのか、そしてその阿弥陀の名には無量の功徳が含まれていると書かれているのかを説明します。それ故に、真宗教義の学者達が、その信者は阿弥陀仏の本願の不思議な力を信ずるのか、その名の不思議な力を信ずるのかという問題を非常に熱く議論した時がありました。

ほとんどの浄土信者は名の不可思議な力を信じ、したがって、名を多く称えれば称えるほど、その人の人生の功徳は増上し、浄土往生もより確実になると信じています。法然は念仏を一日に五万回以上称えたといわれています。(原註10) しかし、実験の好きだった袾宏(Chuhung)(訳註18)という明朝の禅匠によれば、念仏を二十四時間で十万遍以上は称えられないそうです。しかしながら、南無阿弥陀仏の定型句を称えることに集中するとしても、食事やその他の肉体的要求に割く時間もありますので、回数はかなり減少することになるでしょう。そのような祈願においては、仏陀の功徳を考えることもできます、反復が機械的になってしまうことは、容易に見て取ることができます。ですから、このような実践は、念仏行者の意識に催眠状態を生み出しがちです。このような念仏の最終結果は、隠された真実の覚醒に備えて意識領域を綺麗に片付けるところにあるといえるでしょうか。

真実の信仰型仏教は、第三のタイプの念仏によって代表されます。子供が父母を仰ぎ見るように阿弥陀を仰ぎ見る罪深い人びとは、彼らの真の救済者として阿弥陀に懇願します。この手の信者にとって念仏は、彼らのいる悲惨な状況からの救いを求めて必死の努力で称える最後の叫びです。それは、自我の最後の要塞を断念する叫び、つまり古きアダムが死し、新しき人が生れる叫び声であって、その叫び声の吐かれるその瞬間に、信者は阿弥陀の光に包まれます。信者の意識において、その叫び声の出てくるのは、あたかも誰かに称えさせられているかのごとくで、その瞬間に信者の受動的な心に光が差し込みます。この場合の念仏は、仏を思うことでもなく、忘我の心境を誘導するためでもなく、それはただただ、言語を絶する苦悩の心から発する最後の請願として、阿弥陀への呼びかけにほかなりません。それはただ一声であり、そのような魂に反復や熟考の余地はありません。一本の綱を張りつめた最後の瞬間、その綱は一音とともにぷつりと切れるのです。その一音は、真宗の用語では、南無阿弥陀仏です。

六、思弁型の禅念仏

これら三種の念仏の称え方のほかに、もう一種の念仏があって、そこでは信仰型の仏教経験が思弁型の宗教経験と極めて近くなることがあり、それら二つのあからさまな両極性にもかかわらず、少なくとも心理学的には両者に共通な根源を示すのです。この種の念仏は、禅念仏と名づけてもよいでしょう。なぜなら、中国後期の禅匠によって実践されていたからです。それは、しかしながら、禅の名僧が念仏を、信仰的でも心理学的でもなく、知的に扱っていたという点で、前の三種とは異なります。禅匠はその弟子達に仏の名を称えるものは誰かを見出せという。歴史的にいえば、このような念仏の扱い方は、反復的定型句としての念仏が非常に流行っていて、禅の歴史の方からいえば、禅の真実に心を開く方法として「公案」と称されるものを依用していた時期に発達したに違いありません。

機械的に念仏を繰り返すかわりに、禅匠は念仏を反復している内なる人と、いわばインターヴューをしてみたいのです。禅は常に意識の内奥への知的洞察を強調します。その方法は玉葱を剝くがごとくです。論理的錯綜の全ての皮を剝ぎ取って、もしいるとすれば、最後の人と直接に見えたいのです。禅は単なる理屈や単なる形而上学的推論では決して満足できず、物自体を摑みたいと思うのです。これはずばり、禅が個人的体験であり哲学ではないところです。このように禅は常に内に向かっており、人間意識の無底の深淵を通り抜けるところまで行きます。それ故、禅の学徒が念仏を称えるとき、彼は自分自身の門を叩いていることを知っています。つまり、彼は自らの存在の秘密を見るために最大限の努力をしているのです。時おり禅匠はこの手のものを念仏の本当の意味だと見做します。しかし、それは間違っています。なぜなら、仏名の称え方にはこの外に三種があり、その一つひとつがそれぞれに一種の仏教的宗教経験を代表しているのですから。

浄土への往生と仏名を称えることの関係に関して、学者の抱く一般的な考えは、念仏は往生の条件であるということ、そして往生を確かにするという唯一の目的のために念仏を称えるということです。これは、明らかに諸経典の教えるところであり、また浄土の信者が自らの目標であると自認しているところでもあります。清浄さと完璧さの達成ということからすればこの世は絶望的世界ですから、彼らは、自らの望み通りにすべてが与えられる理想の世界が阿弥陀の領土に実現されることを望みます。浄土での生活は、有限であるが故に欠陥と汚辱に満ちたこの世とはまったく違って、永遠と無限、光と愛を基盤として展開します。しかしながら、阿弥陀の名の不思議な功徳によって浄土に往生するというこの考えを綿密に吟味すると、阿弥陀の慈恩によって救われたと主張する念仏行者の心理が、実際にそういったものであるかどうかは、疑問に思われます。この点はさらなる究明を待つところで、ここでは議論しないことにします。しかし、禅タイプの念仏に阿弥陀の国に生れるという考えはまったくないということだけは言っておきたいと思います。禅者の動機は、念仏そのものの神秘への参入であって、それ以上の隠れた達成目的はありません。自分自身が仏名の担い手であり、無量光は自分自身の内なる人から輝き出るのであるという自覚が出てくると、求めるべき浄土は無いということを知ります。これは通常「己身弥陀唯心浄土」（自身が阿弥陀でこころのみが浄土である）という句で表現されます。

七、黙禱的タイプの念仏

これら四種の念仏へのアプローチは、上記定義において相違は十分明瞭であるが、実際の生活においては、多かれ少なかれ相互に混合しており、それらを切り離すのは困難です。ただし、禅型の念仏は、特に浄土への願望を持たないという点で、他とまったく違います。この点はほとんどの禅匠について言えるのですが、個人的には多くの相違があります。若干の禅者は、後世に生れたいと思う浄土への願望を語ります。しかし、そういう禅者に関して認めざるを得ない固有な特徴は、彼らはその願望の達成のためという条件付きで念仏を称えることはないという点です。彼らの場合、念仏はまったく別なことで、おそらくはそれは、彼らに完全な仏道の達成を念じさせる黙禱的タイプの念仏です。大慧（Ch. Ta-hui

一〇八九～一一六三）の次の発願文を読んでみてください。

「ただ願わくは、それがし、道心堅固にして、長遠不退〈訳註19〉、四体軽安、身心勇猛、衆病悉く除き、昏散〈訳註20〉速やかに消し、無難無災、無魔無障、邪路に向かわず、直に正道に入って、煩悩消滅し、智慧増長し、頓に大事を悟って、仏の慧命を続ぎ、諸の衆生を度して、仏祖の恩を報ぜんことを。

次に冀わくは、それがし、臨命終の時、小病小悩、七日以前に、あらかじめ死の至らんことを知って、安住正念〈訳註21〉、末後自在〈訳註22〉に、この身を捨て了って、速やかに仏土に生じ、まのあたり諸仏に見え、正覚の記を受け、法界に分身して、遍く衆生を度せんことを。十方三世の一切諸仏、諸尊菩薩摩訶薩、摩訶般若波羅蜜〈訳註23〉」

ある意味で、禅師が、仏陀や諸仏に対して、また般若波羅蜜に対して、願いごとをするというのは、おかしなことです。さまざまな内容をもつこの世全体に満足していないのでしょうか。人間の栄枯盛衰の全てを平静に見ることができるような超越的人生観をまだ得ていないのでしょうか。自分の祈願が、道徳的にも物理的にも明らかに因果の法則に則っている宇宙の成り行きに影響力を持ち得ると考えているのでしょうか。ともかくも、禅師たちは、朝には太陽を上らせ夜は星を輝かせる究極的真理を摑んだという主張にもかかわらず、いろいろな理由で頻繁に祈願をするのです。いったん摑んだら、あらゆる種の人間的苦悩や些細な拘りの繋縛から開放されるのではないのでしょうか。大慧はしかしながら、阿弥陀の浄土に生まれたいかどうかには触れません。なぜなら、彼はただ仏土に生れたいだけだからです。しかし、この点中国語は厄介です。仏土という中国語はあまりにも曖昧で、一仏土を意味し得るし、阿弥陀の仏土をも意味し得るからです。しかし、もう一人の明朝の禅師、為霖はこの点が非常にはっきりしています〈原註11〉。

「十方三世の仏、本師和尚釈迦尊、一乗無量妙法門、文殊普賢諸大士、摩訶迦葉阿難陀、諸大声聞賢聖僧に帰命す。惟だ願わくば、三宝と衆の龍天、慈悲もて捨てず、我比丘某甲与法界一切衆生を哀れみ摂受したまえ。無始より今生に至るまで、三界の中に沈淪し、五道の内に流転して、いまだ一真の性を明らめず、徒に四大の身を認め〈訳註24〉、平等法中妄に人我の見〈訳註25〉を興す。虚幻境上横に執著の心を生ず。貪瞋癡より身口意を発し、業を造らざることなく、悪を為さざることなし。塵沙劫波〈訳註26〉、生死絶えず。

幸いにして夙に智種を培い、今人倫を報わる。震旦〈訳註27〉の中に生れ丈夫の相を具す。六根完備し三業純和す。正信に乗じて以て出家し、明師に遇いて道に入る。三学を勤修して、一乗を円悟し、万法の本真を了して、一心の常住に達す。但だ以うに、道は習に勝てず、識は微を知らず〈訳註28〉。八風〈訳註29〉毎に心源を動かし、四蛇常に幻殻を侵さば〈訳註30〉、道は果して因無くして成熟せんや、覚樹は何日か栄を敷かん。仰いで懺悔の功を憑み、允に修証の路を登らん。

惟だ願わくば、三宝真慈もて曲げて加被を垂れ、我及び一切衆生をして、永く障縁を尽し、深く大法を証し、大福智を具し、大機用を発し、大仏事を作さ使めんことを。三宝を建立し、大乗を弘通し、正法普く天に流布して、真風恒に末劫まで存せん。八正道を示し、四摂門〈訳註31〉を開き、広く衆生を化して、同じく正覚に帰せん。

〈訳註32〉報を捨つるの日に至るまで、空慧不昧にして、仏境現前し、西方極楽世界に往生し、親しく阿弥陀仏、観音、勢至、諸(もろもろ)の大聖衆に見(まみ)え、親しく供養を承け、親しく妙法を聞き、正定聚に入り、陀羅尼〈訳註33〉を得、十神通〈訳註34〉を具し、三秘蔵〈訳註35〉を開かん。蓮は上品に居(ご)し、果記は一生ならん〈訳註36〉。然る後、法界の性に称(かな)い、法界の用を起す。安養を離れずして、身十方に遍(あまね)く、常に弥陀に侍して諸仏に親炙(しんしゃ)す。塵塵刹刹、有仏の住処、身其の前に在り。仏の長子と為りて、根本法輪を転ずるを請う。

在在処処に衆生悲しみ仰ぎて、身(み)其(それ)に赴かんと感ず。衆の為に慈航し、導びき涅槃に帰らん。彼岸より異類に現形して、四生を提挈(ていけつ)せん〈訳註37〉。六波羅蜜(ろっぱらみつ)念々に円成し、諸総持門(しょそうじもん)心々に証入せん。無仏の処に仏と作(な)らんは、桂輪(けいりん)〈訳註38〉千江に影現するが若(ごと)し。無法の処に法を説かんは、空谷の音万口に伝わるに似たり。感有れば必ず応じ、願に従わざることなし。観音の大悲に等しく、普賢の妙行を具せん。今日従(よ)り始めて未来を尽して、衆生界(しゅじょうかい)空なれ。我が願、方(まさ)に畢(おえ)んに、惟(た)だ冀(こいねがわく)ば、三宝同じく哀憐を賜うて、我が微誠を鑒(かんが)み、我が所願を満(みた)したまえ〈訳註39〉」

八、本願への信の重要性

信仰型の浄土門においては、浄土への往生が明らかに念仏の目的であるが、私の見方からすると、いわゆる救済に相当する往生浄土の本当の意味に関して、その信者達の心にはいささか混乱があります。たとえば、彼らが往生を確信しているというとき、まだ起こってもいないことに関して、どんな保証があるというのでしょうか。阿弥陀の発した約束ないし誓願が彼らの死後うまく実現するということを、どうして絶対的に、少なくとも非常に高い期待度で、確信することができるのでしょうか。浄土の信者によれば、その往生が確実になるのは、信心が決定したとき、つまり本願の真実性と有効性を確信するときです。その時信者は、阿弥陀仏の意志の不可思議な深みから出てくる本願の素晴らしい力に露ほどの疑いも持たないのです。浄土の信者の生活で最も大事に見えるのはこの信であり、必ずしも浄土往生の事実ではありません。往生はまだ完成した事実ではありません。なぜなら、それは何か死後に理解されることだからです。太陽が今朝昇ったように明日も昇るということさえも、期待できる絶対的理由はないのに、この相対的実存の解体後に起こることに誰が確信を持ちうるでしょう。だから当然のこととして、明らかに念仏の目的である往生そのものよりも、信心の方が重要だということになるのです。「信心をうればすなわち往生すといふ。すなはち往生すといふは、不退転に住するをいふ。不退転に住すといふは、すなはち正定聚の位に定まるなり。成等正覚ともいへり」〈原註12〉〈訳註40〉。そしてこの「すなはち」という時は、同時性ないし即時性を意味するのであって、時の経緯を指すのではありません。

　これで明らかになるのは、念仏行者がその宗教生活で最も大事なこととして求めているのは、阿弥陀仏の本願への信であるということです。もしこの信がいったん確立されれば、彼らはすべてを阿弥陀仏の智と愛に委ねるでしょう。なぜならば、阿弥陀仏は彼らにとって何が最高か解っているからです。彼らは、切望する極楽国土へ行くかわりに、たとえ地獄に送られたとしても、頓着しないでしょう。無量光仏たる阿弥陀の智慧は、私たちのような有限な人間の理解力をまったく超えています。私たちを救済する阿弥陀の不思議なやり方を、私たちの方であれやこれやと推量するのは、不条理と傲慢の極みです。私たちは、すべての有限な思考、個人的推論を止めて、ひたすら仏の慈悲に任せきらねばなりません。なぜなら、信心はただそうすることによってのみ得られるのですから。往生というのは、自動的に起こるのです。信によって願がはたらいている限り、往生がどうなるかは本当に構わないのです。親鸞の最も傑出した学徒の一人である覚如の著書(原註13)からの引用を読んでください。師の言葉の引用です。

往生浄土のためにはたゞ信心をさきとす、そのほかをばかへりみざるなり。往生ほどの一大事凡夫のはからふべきことにあらず、ひとすぢに如来にまかせたてまつるべし。すべて凡夫にかぎらず補処の弥勒菩薩をはじめとして仏智の不思議をはからふべきにあらず、まして凡夫の浅智をや、かへすがへす如来の御ちかひにまかせたてまつるべきなり。これを他力に帰したる信心発得の行者といふなり。さればわれとして浄土へまひるべしとも、また地獄へゆくべしともさだむべからず。故聖人のおほせに、源空があらんところへゆかんとおもはるべしとたしかにうけたまはりしうへは、たとひ地獄なりとも故聖人のわたらせたまふところへまひるべしとおもふなり。このたびもし善知識にあひたてまつらずば、われら凡夫、かならず地獄におつべし。しかるにいま聖人の御化導にあづかりて、弥陀の本願をきゝ、摂取不捨のことはりをむねにをさめ、生死のはなれ

> がたきをはなれ、浄土のむまれがたきを一定と期すること、さらにわたくしのちからにあらず。たとひ弥陀の仏智に帰して念仏するが地獄の業たるを、いつはりて往生浄土の業因ぞと聖人さづけたまふにすかされまひらせて、われ地獄におつといふとも、さらにくやしむおもひあるべからず。そのゆへは、明師にあひたてまつらでやみなましかば、決定悪道へゆくべかりつる身なるがゆへにとなり。しかるに、善知識にすかされたてまつりて悪道へゆかばひとりゆくべからず、師とともにおつべし。さればたゞ地獄なりといふとも、故聖人のわたらせたまふところへまひらんとおもひかためたれば、善悪の生所わたくしのさだむるところにあらずといふなりと。これ自力をすてて他力に帰するすがたなり。〈訳註41〉

いったん本願への信が目覚めたら死後の行先は構わないということの思想は、真宗の開祖である親鸞の極めて注目すべきいくつかの見解が提示されている『歎異抄』から引用の次の文章に、非常に明白に表現されています。

> 念仏は、まことに浄土にむまるゝたねにてやはんべらん、また地獄におつべき業にてやはんべるらん、惣じてもて存知せざるなり。
>
> たゞ念仏して弥陀にたすけられまひらすべしと、よきひとのおほせをかふりて信ずるほかに、別の仔細なきなり。〈訳註42〉

九、二元の世界を破る念仏

念仏が往生浄土の概念を超えてそれ自体としておのずから新しい意義を得るとき、浄土門は神秘主義〈訳註43〉に向かわざるを得ない。念仏は今や、人びとを約束された極楽浄土へ往生させる手段ではなく、念仏それ自体が目的であり、その目的の実現において念仏を称える人（すなわち、浄土の信者）とそれを聞く人（すなわち、阿弥陀）の二元は終に消滅するのです。そして、この二元の消滅というところに、浄土門の強い神秘的色彩が認められます。始めは、本願から生じるすべての恩恵を自らに招来するのは、念仏によってであった。しかし、往生を確信した瞬間、つまり、どうにか信心が確立したその瞬間、その目的は忘れ去られ、信者の意識はただ本願そのものの神秘的な（不可思議な）力のみを思い、次には神秘（不可思議）の感情が生長して、今や自分自身と阿弥陀に起こっている説明し難い一如の境地を味わうことになるのです。

浄土門の著述家たちは概して、過去から現在に至るまでの自らの罪深い生活にもかかわらず、まったく不思議なことに、まことに見事に、いかなる説明も及ばない形で、その身を救済してくれる本願の神秘については詳細に論ずるけれども、往きたいと思う極楽国土の叙述に関してはそこまで詳細に論じません。通常の道徳的因果律によれば、罪は自乗的に増加していくのですが、本願は呪詛と断罪を繰り返すこの永遠な因果の鎖を完全に断ち切ります。なぜなら、ただその力を信じさえすれば、直ちにそこから救われ、阿弥陀の「無限な光」と「永遠ないのち」に迎え取られるのだからです。これは、相対性の原則に縛られている知の理解力を超絶しています。親鸞は、有限で罪深い人間の一切の下らぬ計略に反対する、阿弥陀の智慧の測り知れない深さを語って倦むことを知りません。次の文章は、「自性に真実にということ」〈訳註44〉と題する彼の手紙からの抄出〈原註14〉です。

「『自性に真実に』とは、念仏の不可思議な力はまったく本願自体の功徳に帰すべきだということ、そしてそこには信者の意志やたくらみがまったく入っていないということを意味している。仏がそうしたいと思ったから、そうなのであって、そこにはほかの意志は入っていない。だから、念仏の意味の確定はまったくできないのであり、それがまさしく念仏の意味なのであると言われている。つまり、念仏は思想ではない。念仏は信を要請するのであって、理解を要請するのではない。それ故に、信者がしなければならないのは、阿弥陀が惜しみなく与えるものをただ受け容れて、いささかも自己主張をしないことである。信者は何が自分にとって善であるか何がそうでないかを考える必要はなく、本願の自由で自然なはたらきにただ任せるだけである。そして、願はすべての人間を彼らが完全に成仏できる阿弥陀自身の極楽国土へ連れて行くのだから、念仏はおのずから、すなわち、その本性に真実にはたらくのであり、念仏には意味のないということがまさしくその意味なのであると言われる。まことに、これだけのことが主張されても、念仏には何らかの意味が付け加えられてしまう。仏智はまことに人間の普通の理解をまったく超えているのである」

このような姿勢から次の歩みが生じて、念仏そのものの神秘をより深く意識するようになるのです。

一遍によれば（原註15）、

「又云、我体を捨て南無阿弥陀仏と独一なるを一心不乱といふなり。されば念々の称名は念仏が念仏を申すなり。しかるをも、我よく意得、我よく念仏申て往生せんとおもふは、自力我執がうしなへざるなり。おそらくは、かくのごとき人は往生すべからず。念不念、作意不作意、惣じてわが分にいろはず〈訳註45〉、唯一念、仏に成を一向専念といふなり」ということになります。

心の平安の達成に関する小論文『安心決定鈔』（原註16）の著者は次のように述べています。

「念仏三昧（原註17）にをいて、信心決定せんひとは、身も南無阿弥陀仏、こゝろも南無阿弥陀仏なりとおもふべきなり。ひとの身をば地水火風の四大よりあひて成ず、小乗には極微の所成といへり。身を極微にくだきてみるとも報仏〈訳註46〉の功徳のそまぬところはあるべからず、されば機法一体の身も南無阿弥陀仏なり。こゝろは煩悩随煩悩等具足せり、刹那刹那に生滅す。こゝろを刹那にちはりて（千割りて）みるとも、弥陀の願行の遍ぜぬところなければ機法一体にして、こゝろも南無阿弥陀仏なり。

弥陀大悲のむねのうちに、かの常没の衆生みちみちたるゆへに、機法一体にして南無阿弥陀仏なり。われらが迷倒のこゝろのそこには法界身の仏の功徳みちみちたまへるゆへに、また機法一体にして南無阿弥陀仏なり。

浄土の依正二報〈訳註47〉もまたしかなり。依報は宝樹の葉ひとつも極悪のわれらがためならぬことなければ、機法一体にして南無阿弥陀仏なり。正報は眉間の白毫相より千輻輪のあなうらにいたるまで、常没の衆生の願行円満せる御かたちなるゆへに、また機法一体にして南無阿弥陀仏なり。われらが道

（色）心二法〈訳註48〉・三業（原註18）・四威儀（原註19）すべて報仏の功徳のいたらぬところなければ、南無の機と阿弥陀仏の片時もはなるゝことなければ、念々みな南無阿弥陀仏なり。さればいづるいきいるいきも、仏の功徳をはなるゝ時分なければ、みな南無阿弥陀仏の体なり〈訳註49〉」

十、信仰タイプの禅タイプへの接近

このような偉大な念仏行者の告白には、信仰タイプが神秘タイプに変わり、禅タイプに近づいていることが見て取れます。知的に始めますが、禅は終に論理と哲学を超えます。この点は浄土も同じです。なぜならば、浄土もまた、すでに見たように、究極的には信仰の対象に対する二元的姿勢を投げ捨てて、一体化の局面に入り、完全に神秘化するのですから。二つのタイプの差異は、ここまで来るとついに溶け去ります。一方は、機法一体を公言してすべての修行をその理の実現にむけ、もう一方は、率直に現実主義を認めて経験の事実から始めます。だから後者は二元的になりがちです。そうである限り、浄土は禅と対照的です。しかしながら、禅でも浄土でもその目的が、一方は「さとり」、他方は「安心」で、実現すると、本来神秘的な仏教の傾向がそのいずれにも再現します。ですから、ある禅師の作った次の詩の一節を『安心決定鈔』から引用した最後の一節と比較してみてください。『安心決定鈔』にもこの詩は引用されています〈訳註50〉。

　夜々仏を抱いて眠り、

朝々還って共に起く、
行住鎮えに相随い
坐臥同く居止す、
分毫〈訳註24〉も相離れず、
身と影と相似るが如し、
仏、何くに在す〈訳註51〉かを知らんと欲せば、
只這の語声是なり。

いまや私たちは、明らかに異なり互いに違う二つのタイプの仏教経験が一つに融合し、同一の根源的大乗精神を生きていることを理解できるようになりました。自力はここで他力であり、他力は自力です。つまり、自己性は他者性に現れ、他者性は自己性に現れています。これは、阿弥陀と信者の、つまり主客の、完全な相互浸透を意味しています。そして私たちは、仏教は結局一つであり、その明瞭な多様性にもかかわらず、一つなのであるということができます。

これは仏教がキリスト教と違うところです。キリスト教は本質的に信仰的宗教であり、二元的であり、罪深き人間とすべてを許す救済者の間にある和解しがたい間隙に固執します。信心深い正統なキリスト教徒は、その崇拝対象と一つになるためにこの間隙を超えようとは決して考えませんでした。神秘主義はキリスト教にとってその歴史の始めにおいては何かよそよそしいものでしたが、後ほど他の種の宗教的思想や経験と接触してからキリスト教に接ぎ木されました。しかし仏教の方は直感的に

達成する一元的人生観に固執するという意味では本当にインド的です。バクティ（信仰）型は外来とは言えないでしょうが、それは概してヴィドヤ（知識）と好対照を成しており、完成に達するとそれは完全に後者と融合してしまい、それぞれのタイプの個別的特徴はほとんどすべて消し去られます。かくて、浄土門に見られる極めて信仰的な形の仏教的生がその「霊性的安らぎ」（安心）という最終段階においては禅タイプに到達しだすのが観察されます。ここには本当に、仏教の異なった表現に一貫して流れる仏教経験の一如性があります。（原註20）

（原　註）

（1）この論文は浄土門と禅門の教義について何がしかの知識があることを前提としているので、読者は、すでにこの雑誌に現れた著者の以前の同様な主題の論文を参照にされたい。

（2）法然は日本の浄土宗の創始者であった。彼以前にも念仏を唱導した若干の篤信な仏教徒はいたが、浄土宗ないし念仏宗が仏教集団において独立の宗として認識されるようになったのは、法然の影響による。親鸞は法然に従いながらさらに一歩を進めて、法然の教えに含まれているより深い意味を発展させた。そういう念仏行者のすべてが繰り返し語る一つの変わらぬ主題は、三毒や五欲など煩悩ばかりの世俗生活に対する彼らの紛うことなき倦厭であり、同時に自らの努力ではそのような束縛を避けることができないという彼らの徹底的無能力である。だから、阿弥陀の本願の救済力に対する彼らの信仰があるのである。

（3）善導（六一三〜六八一）は中国浄土教の偉大な提唱者であり、この濁世における自らの罪深い生活を常に強く意識しており、すべてが清浄であり完全である阿弥陀の国に何時でも発つ覚悟があった。

（4）*Honen, the Buddhist Saint,* 一八六〜一八八頁。

（5）文字通りには「仏を思う」という意味の「念仏」が何を意味するかに関しては、本論後続部分と *The Eastern Buddhist,* Vol. III, No. 3 に掲載の拙論 The Development of the Pure Land Doctrine を見よ。

（6）『歎異抄』は、親鸞の直弟子の一人である唯円房によって編集された短い親鸞語集。

（7）文字通りには、「If you wish to use, use!（用いたければ用いよ）」であり、（訳文中の）it は訳者が加えたもの、禅の真実を意味する。言わんとするところは、私たちは利己的な欲望や情念も含めあまりにも外のものに悩まされているから、そのために私たち皆に備わっているすべての宗教の究極的真実である内面の自由ということを体得できないということ。

（8）『臨済録』より引用。ともかくも自由な意訳。

（9）『愚禿鈔』。

（10）*Honen the Buddhist Saint,* 一八七頁には、「善導と源信の前例に倣って法然は一日に六万遍以上念仏を称えた。晩年になってくるとさらに一万回を加えて一日に七万遍とした。彼はその時、昼夜念仏を称えるほかには何もしなかったといわれている。彼の宗義について訪問者や質問者があった時でも、彼は声を低くしながら彼らの話に耳を傾けているようであったが、実際には念仏を称えることを決して一瞬たりとも止めなかった」という記録がある。法然の弟子たちは、しばしば特別に七日間を百万遍念仏を称えることに当てた。また、同書七三四頁には、念仏の重要性に関して、「富貴であろうと貧賤であろうと、親切であろうと不親切であろうと、強欲であろうと性悪であろうと、本当にどんな人であろうとも、もしその人が本願の不思議な力を信じて、念仏を繰り返し称えさえすれば、その人の往生は確実です」という法然伝からの引用がある。

(11) 多かれ少なかれ自由に翻訳されている文書全体は、仏教僧の理想全体を作る人生の原理がどこにあるかを示すために取り上げたものである。

(12) 親鸞の唯信の教義に関する小論『唯信鈔文意』より。

(13) 一三二六年に編集された最も重要な親鸞語録『執持鈔』。

(14) 原註には『御消息集』とあるが、これは親鸞聖人の『末灯鈔』という御消息集からである。(訳者註記)。

(15) 『一遍上人語録』。

(16) 『安心決定鈔』は「他力」救済論の最も優れておりかつ最も味わい深い解説書の一つである。その中心的概念は、「機」といわれる罪深い人間存在と「法」と呼ばれる阿弥陀の神秘的合一であり、術語としては「機法一体」の教義として知られる。「機」というのは、他の言語に翻訳するのが非常に難しい言葉であり、一般的にいえば、潜在性、影響されやすさ、他と関係する可能性を意味すると思われている。衆生は自らの内に、阿弥陀の慈悲ないし本願と繋がり阿弥陀がさとりの実現のために実行した修行の功徳の受領者となる何らかの可能性を備えている。死すべき運命にあり、罪深く、愚かな私たち一人ひとりの内にさえも、潜在的ではあるが霊性的な何かがあり、その何かを通して阿弥陀は本願を実現するために私たちの内にはたらくのである。その何かとは何か？　もしその何かが阿弥陀自身の本性の何がしかを共にしていなければ、いったいどうして阿弥陀がそれと関係し得ることになるだろうか？　阿弥陀の智慧は人間的分別のはからいを超えているだろうし、阿弥陀の救済方法は道徳的因果律を越えている限り奇跡であろう。しかし、主体が、つまり「機」そのものが、本願に影響される可能性を何も持たないのであれば、それは豚に真珠を投げ与えるようなものとなり、そこにはいかなる関心の一致も、共感的応答も、相互関係もあり得ず、したがって両者間の理解も絶対にあり得ない。「機」はそれ故、阿弥陀の何かを反映しているもの、つまり、自らの内に阿弥陀と等しくなる潜在性を持っているものと見做されねばならないし、その御蔭で「機」は阿弥陀の慈悲心に影響されて阿弥陀と関係を持つことになるのである。「機」の心が終に阿弥陀に全領されるとき、つまり、心を開きさえすればいつでもはたらき出す用意ができている阿弥陀の本願に「機」の心が全領されると、「機」は定聚の位に入って「安心」という安らかな心境に到達するという。「機」と「法」はだから一体であるといわれる。真宗の学者には、この事実から外れて、阿弥陀と信者は両者の間に何らの関係もない完全に独立した二項目だと論ずる者がいる。そうであれば、他力救済の大伽藍は本当に崩れ落ちて、阿弥陀は廃墟の下とさえなりかねない。

ダルマに相当する中国語の「法」は、ここでは真理の具現というか、究極的実在そのものというか、浄土教の用語としては、本願の創始者としての阿弥陀を意味している。しかしながら、時おり、特に真宗の学者達は、「法」というのは、一切衆生の救済をもたらす阿弥陀の徳ないし力を意味するのであって、その人格に救済力がある阿弥陀自身の存在を意味するのではないと理解している。その場合は、「機」は罪人たちそのものを意味するのではなくて、阿弥陀に対する彼らの信心を意味するのである。この信心が「南無阿弥陀仏」という表現の中で阿弥陀の力というか慈悲心と合体すると、「機」と「法」の一体化が起こるという。

(17) 念仏三昧のもとは、サンスクリットの Buddhanusmrti-samadhi. これは念仏行者自身が念仏そのものと完全に一体化する心境であり、自己と非自己、あるいは、主体と客体が一つに融合する完全な一体化の境地である。

(18) 広義での身口意の三業。

(19) 行住座臥のこと。

(20) 仏教学は、お互いに矛盾しているように見えるさまざまな種の仏教経験を説明できる非常に包括的な理論をもっている。事実、中国仏教の歴史は、自らの権威は仏教の聖典に基づいていると主張するさまざまな宗派を融和しようとする一連の試みであった。さまざまな種の分類と調停の方法が提案されて、その試みに成功したと思った時の結論は次のようなものであった。私たち人間にはそれぞれの業の相違によって非常にたくさんの異なった性格や気質や環境があるが故に、仏教は私たちに非常に多くの真理への入り口を与える。このことは、仏陀自身によって次のように易しく述べ説かれている。仏陀の教えていわく、同じ水が牛に飲まれれば滋養の高い牛乳になり、コブラに飲まれれば致命的な毒になる、そして薬は病に応じて与えられると。これは方便(upāya)の教えというもので、仏教徒の心の広さはこれを根拠に説明される。方便の教えは、智慧(prajñā)と慈悲(karuṇā)の具現としての最高存在という仏教概念にその拠り処を持っている。

〈訳者註〉

〈1〉報土は真実の浄土の意、方便の浄土である化土に対する。

〈2〉*Honen, The Buddhist Saint,* translated and compiled by Harper Harvelock Coates and Ryugaku Ishizuka, 一八八頁よりの引用。石井教道編『昭和新修法然上人全集』（平楽寺書店、一九五五年）、四八一頁、「浄土立宗の御詞」の冒頭部分。

〈3〉仏道修行で学ぶべき三つの基本、戒・定・慧をいう。

〈4〉*Honen, The Buddhist Saint,* translated and compiled by Harper Harvelock Coates and Ryugaku Ishizuka, 一八六～一八七頁よりの引用。石井教道編『昭和新修法然上人全集』（平楽寺書店、一九五五年）、四六〇頁。

〈5〉『歎異抄』より。『真宗聖教全書』第二巻（大八木興文堂、一九六四年）、七七三頁。

〈6〉浄土三部経は、康僧鎧訳と伝えられる『仏説無量寿経』（通称『大経』）と畺良耶舎訳と伝えられる『仏説観無量寿経』（通称『観経』）と鳩摩羅什訳の『仏説阿弥陀経』（通称『小経』）の三部。『観無量寿経』にはサンスクリット原本が見出されていない。

〈7〉仏道修行の仲間。

〈8〉歇得の歇は「やめる」の意、得は「できる」を意味する助字。

〈9〉驢牛の肝裏は、驢馬や牛の腹の中。

〈10〉「三界無安猶如火宅」は『法華経』「譬喩品」の言。

〈11〉森江栄治編輯兼発行『臨濟録』（森江書店、一九一八年）、一二～一四頁。

〈12〉この対照表の直接的原本を探索したが、見出せなかった。このような聖道門の諸概念と浄土門の相当概念の対照表の英訳は、證空の浄土門解明の書である『観経疏自筆鈔』や『観経疏他筆鈔』などの哲学的骨格から案出したものを参考にしたのであろう。

〈13〉 西洋の読者を念頭において禅と浄土の比較を始めるという文脈におけるここでの鈴木大拙の「信仰によってのみ」に対する否定的発言は、二元的態度を出ない信仰の立場を意識したものであって、一瞬にして二元を超える浄土真宗の神秘的な主客一如の信仰体験については、この論文の後半に言及することになる。

〈14〉 業繫の身を阿弥陀の大悲に任せる信仰体験の一瞬の飛躍によって、逆説的に浄土の行者は、自他、主客、内外の二元的束縛を離れて絶対的自由を得る。「横超の信」と呼ばれるこの永遠の一瞬の後、しかしながら、浄土の行者はこの世に生きている限り煩悩に繫がれていることを自覚するが故に、永遠の解放は死後と見るのである。しかし彼らの信後の懺悔と感謝の念仏生活は、大空を吹き抜ける風のように自由な、念々に他力の妙用現前の風光である。

〈15〉 鈴木大拙の Meister Eckhart への共感と愛好は最晩年まで続いていて、机の周辺には Raymond B. Blakney の *Meister Eckhart – A Modern Translation* – や Josef Quint の *Meister Eckhart - Deutsche Predigten und Trakate* – ばかりでなく、そのような翻訳の本となった中世ドイツ語の原典も置かれていた。

〈16〉 南無阿弥陀仏に対して namo-amitābha-buddhāya というサンスクリットが当てられているが、浄土三部経の中で「南無阿弥陀仏」という句が出てくるのは、サンスクリット原典の発見されていない『観無量寿経』だけであり、これに文献的証拠は見出せていない。南無阿弥陀仏に当たるサンスクリットを考えれば、namo-amitābha-buddhāya となるだろうということである。

〈17〉『阿弥陀経』のサンスクリット本等において、念仏の原語はbuddha-anusmṛti。

〈18〉袾宏 Chuhung（一五三五〜一六一五）は明代の禅僧で、雲棲ともいう。

〈19〉「四体軽安」の「四体」は両手と両足のことで、総じて身体の意。

〈20〉「昏散」は昏沈散乱の略で、心が沈んだり乱れたりしていること。

〈21〉次の生で正覚を得るという約束を受け取ること。

〈22〉法界はここではあらゆる世界の意、「法界に分身して」とは、あらゆる世界に化身して現れてという意味。

〈23〉この大慧（Ch. Ta-hui　一〇八九〜一一六三）の発願文は、『国訳禅宗叢書』所収。

〈24〉あらゆる物質を構成する四大要素、地水火風から成る色身であることを認めてという意味。

〈25〉「人我の見」には the view of *meum et tuum*（私のものと君のもの）という訳語が使われている。

〈26〉「塵沙劫波」は副詞句と捉えて Through kalpas as numberless as atoms and dusts と訳出されている。

〈27〉震旦は this Middle Kingdom と訳出されている。真丹とも振丹とも書き、支那（中国）の謂。

〈28〉「但以道不勝習識不知微」は、What I fear, however, is that my steps are not steady enough to overcome my past evil karma and that my thoughts are not penetrating enough to reach the most subtle truth. と訳出されている。これは一例であるが、著者鈴木大拙の英訳は実に素晴らしいもので、この和訳において原文の訓読を採用したのは、和訳者の不十分な現代語訳で英訳された原文の美しさを崩したくなかったからである。

〈29〉「八風」は、東北・東・東南・南・西南・西・西北・北の八方の風、つまりあらゆる種の風を意味する。

〈30〉「四蛇常侵於幻殼」は the four snakes are ready at any moment to devour this visionary husk of existence と英訳されている。「四蛇」については、唯識宗で我癡・我見・我慢・我愛の四大根本煩悩を四惑と数えるので、この四惑を指すのでないかと推測するが、確かな根拠はない。

〈31〉「四摂門」は、四摂法、四摂事、あるいは四事とも呼ばれ、菩薩が衆生を摂取して仏道に引き入れるための四種の行為、布施・愛語・利行・同事を指す。

〈32〉この「報」は、this body of karmic effect と訳されている。つまり、過去の業の結果としてのこの身のこと。

〈33〉この文脈での「陀羅尼」は南無阿弥陀仏を指すと思われるが、鈴木大拙の英訳では the Dharani となっている。南無阿弥陀仏は一切の陀羅尼を包摂するから、これは矛盾とは言えない。

〈34〉仏教には普通、1天眼通、2天耳通、3他心通、4宿命通、5如意通、6漏尽通の六神通を説くが、十神通を数える場合もある。たとえば、『新華厳経』第二十八十通品には、1善知他心智神通、2無礙天眼智神通、3知過去際劫宿住智神通、4知尽未来際劫智神通、5無礙清浄天耳智神通、6住無体性無動作往一切仏刹智神通、7善分別一切言辞智神通、8無数色身智神通、9一切法智神通、10入一切法滅尽三昧智神通の十種を説く。

〈35〉「三密蔵」は三密の宝蔵、Three Secret Treasures と訳されている。三密は密教でいう身口意の行法で、衆生の修める身口意の三業が仏のそれと相応して一つになれば、そこには不可思議なはたらきとして仏の三密が現れるので、それは無上の宝として崇められる。

〈36〉「果記一生」とは、次の一生で成仏することを約束されるという意味。

〈37〉「提挈四生」とは、胎生・卵生・湿生・化生の四生、つまり一切の衆生を手引きして助けるという意味。

〈38〉「桂輪」は月影の意。

〈39〉『為霖禅師旅泊菴稿』巻四、『続蔵経』第二巻、二二六頁。

〈40〉『真宗聖教全書』第二巻、六二五頁。

〈41〉覚如『執持鈔』、『真宗聖教全書』第三巻、三七～三九頁。

〈42〉『真宗聖教全書』第二巻、七七四頁。ただし、ここに引用の二文は、順序が入れ替わっている。

〈43〉神秘主義は mysticism 訳語で、西洋の宗教思想では、普通の論理では表現できない深い宗教体験を指し示すものとして、積極的な意味で使われる。逆説的論理でしか表せない、主客一体、自他一如、不一不二といった甚深微妙な宗教的体験、真宗でいえばたとえば機法一体南無阿弥陀仏の信心のような、不可思議としかいいようのない直接的経験の真実への目覚めを含む宗教思想である。これは、普通の形式的論理の二元的視点からは隠されていて見えないので、神秘主義と呼ばれる。西洋人にとって、不可称・不可説・不可思議な仏教的体験の真実は「神秘的」と見える。

〈44〉原題は「自然法爾事」で、この文章は親鸞の手紙の記録『末灯鈔』（『真宗聖教全書』第二巻、六六三～六六四頁）に見出される。鈴木大拙は一再ならずこの文の英訳を試みている。たとえば、*Mysticism: Christian and Buddhist* by D.T. Suzuki, Haper & Brothers Pulishers, 1957, pp. 154～155 はその一例である。ここに出ているのは、さまざまな試訳の中でも最初期のものであり、大拙自身が断っているように、しかもその意訳の達意的抄出であって、厳密な翻訳ではない。

〈45〉「いろはず」は「いろふ」の否定形で「かかずらわず」の意。

〈46〉「報仏」という一語を訳すために、Amitābha Buddha (i.e., Buddha of Enjoyment or Samboghakāya) という丁寧な説明をしている。Buddha of Samboghakāya は、Buddha of Response, Buddha of Reward, Buddha of Fulfillment などと英訳されるが、それは菩薩がその願に報いて成仏したことを強調する「報身仏」という漢訳に対応する訳語である。Samboghakāya には受用身という意味があって、Buddha of Enjoyment というのはこの点を強調した英訳である。本願成就して成仏した阿弥陀仏が、自らその仏果を楽しむ（自受用）だけでなく、浄土への往生人の仏果（他受用）をも楽しむのである。

〈47〉「浄土の依正二報」というのは、過去の業の報いとして得た身を正報といい、その身の置かれている環境を依報というのであり、阿弥陀仏の浄土の「正報」としては八種の仏荘厳と四種の菩薩荘厳、「依報」としては十七種の国土荘厳がある。

〈48〉定本には「道心二法」とあるが、「色心二法」としている異本もあって、鈴木大拙の英訳では、その「二法」を「色心二法（体と心の二つ）」として解釈して訳出している。念仏行者に備わる色心の二法と見たのであろう。

〈49〉『真宗聖教全書』第三巻、六二二頁。

〈50〉傅大士（四九七～五六九）は唐朝の居士。『安心決定鈔』には「また唐朝に傅大士とてゆゝしく大乗をもさとり、外典にも達してたふときひとおはしき。そのことばにいはく『あさなあさな仏とともにおき、ゆふなゆふな仏をいだきてふす』といへり」とあり、この中の引用は次の傅大士偈文の取意である。『真宗聖教全書』第三巻、六二八頁。

〈51〉『傅大士録』、『続蔵経』第二巻所収。偈文の英訳を挙げておく。

Every night, embraced by Buddha I sleep; Every morning when I wake I am with him; Whether standing or sitting, I am forever accompanied by him, I am never away from him even for a second; It is like unto an object followed by its shadow. Wishest thou to know where the Buddha is this moment? Only this – hear thou this voice of mine!

真と禅――その対照

一九五三年六月十五日、鈴木博士は仏教協会（ロンドン）の禅のクラスの会に出席して、その時の話の主題として、真と禅の関係、他力と自力の関係、つまり自分の力による救済と他者の力による救済の関係について話すように依頼された。以下は鈴木博士の応答の記録である。

仏教の中の浄土宗というのは、法然（一一三三～一二一二）によって日本で創建されました。真宗は、法然の主要な弟子の一人、親鸞によって発展したもので、両者の違いは強調点の相違に過ぎません。法然は、「念仏」というものの絶えざる反復を強調したようです。念仏というのは、文字通り「仏を念う」という意味です。この念仏は、阿弥陀仏に対する一種の祈りです。「祈り」というのは良い言葉ではありませんが、「念仏」の正確な翻訳のかわりに「阿弥陀への祈り」ということにしておきます。この念仏という言葉は、南無阿弥陀仏の短縮形であり、阿弥陀仏への礼讃、帰依を意味します。

念仏は、「おお、主よ、我に慈悲を垂れたまえ」という「イエスの祈り」〈訳註1〉と呼ばれるものに相当します。「イエスの祈り」もまた絶えず繰り返すもので、その反復は念仏の反復に当たるのです。法然の浄土宗というか、彼の弟子たちが考えた法然の正統な教えは、この念仏を毎日非常にたくさん称えますが、彼の弟子の一人である親鸞は、法然の他の弟子たちとは違ってただ一度の念仏を強調しました。

これを説明するためには、念仏の心理学的研究が必要です。「イエスの祈り」の場合のように、念仏を称える際のこの反復は、同じリズム、同じ音、同じ動作で何回も何回も繰り返されます。これは、ある単調な意識状態を生み出します。意識に二つ以上のものが生ずるや否や、私たちはものを意識するようになります。意識がただ一つの思いに占拠されておれば、その意識は無意識に等しいのです。意識に二つのものがあると、私たちは意識を意識するようになります。この主観客観の二分化は、私たちが意識に気付くために必要です。意識が一つの思いだけで占められていると、意識は自分を失います、つまり私たちは意識を意識しなくなります。音であれ、動作であれ、リズミカルな動きが繰り返されると、意識は統一、平等、静寂の状態に達しますが、それは涅槃に入らんとする時、仏陀が到達した第四禅に当たると見做してもいいでしょう。『涅槃経』においては、仏陀の意識が完全な統一状態に達したとき、仏陀は第一禅、第二禅、第三禅、第四禅に入ったと記録されています。その後仏陀は涅槃に入ったそうです。第四段階の禅定は、阿弥陀の名を称え続けることによって、つまり念仏によって、達成できる統一的な意識状態と同等です。

法然はこの念仏の反復を強調しました。なぜなら、彼は私たちにこの意識の静寂を達成してほしかったからです。これは、完全な他力ではありません。なぜなら、反復はまだ自力だからです。「自力」

が終る時にのみ、つまり意識の完全な統一性が生ずる時にのみ、他力が現れます。他力に目覚めるのはこの統一的な状態からです。ですから「他力」の目覚めは、「自力」の実行を通して呼び起こされるのです。

親鸞は法然に教えられた念仏の本当の意味を理解したと思いましたが、他の弟子たちは同意しませんでした。親鸞は、法然はただ念仏の反復をするだけでなく、統一が達成される最後の瞬間に、その統一状態の中から何らかの目覚めが生じることを教えたのだと思いました。意識が沈静すると、海が鎮まり、静寂になり、そこには意識も無意識もありません。しかし、これは、人間の心のあるべき形ではないのです。この統一状態は破られねばなりません。この突破は最後の念仏の目覚めで実現します。一瞬というか一念の目覚めが出て来ると、統一状態が破られます。この目覚め、この瞬間が、「信心決定」と呼ばれます。浄土教の人びとは、信心を得るのはこの瞬間だといいます。

親鸞が教えたのは、この最後の念仏であり、静寂への到達に先立つ念仏の復唱をすべて無視しました。正統な法然浄土宗の強調する称名の反復によって意識の平等性が齎されるのですが、親鸞は統一状態からの目覚めが生じる最後の瞬間というか最初の瞬間を強調しました。

仏教を学ぶにあたって私たちが理解しなければならない一つのことは、「一つの思考―瞬間」、つまり「一念」の教義であり、サンスクリットではチッタクシャーナといいます〈訳註2〉。意識の用らくすべての瞬間が「一念」です。

一本の線を、どれほど多くでもいいが、たくさんの部分に切断するとして、何かが残ることになるでしょう。切った物を最後の構成単位とはいえない。なぜならば、その最後の構成単位も、さらなる無限な分割を免れないからです。その最後の点に達すると、そこには原子があります。しかし、その原子そのものがさらなる分析に曝されています。同様にして、意識は時間です。時間なしに意識は起こりません。というのは時間が意識だからです。この意識ないし時間の直線から作り得る最小の部分が「一念」です。「一念」は時間の単位であり、仏教的には、一つの思考―瞬間、一つの意識―瞬間、あり得る中で最も短い時間を表す言葉です。意識の統一が達成され最後の念仏がその平等状態から飛び出してくる時が、一念です。

「この統一状態から何かが飛び出してくるということがどうして可能なのか」という問いがあるかもしれません。インド人の考え方は、そういう意識の平等状態に埋没し、意識の平等性を意識の波から引き離します。インドの人たちは、この意識の平等化というか統一状態を果てしない意識の波浪とは違うものと考えて、平等性を達成するためにはこの一連の無限な意識の波を消滅させたいと思います。なぜなら、この平等状態は、彼らにとっては、無限に連続する意識の波浪とは違うものだからです。仏陀の考え方によれば、この平等は、無限に連続する意識の波にほかならず、それ以上でもなければ以下でもないのです。それ故、平等は、差別、波浪と異なりません。

ここに無限な波浪の連続があり、それとは別に静寂というものがあって、何かがこの平等と離れて存在しているかのごとくですが、これは考えられません。平等を切り離しておくというのは、平等の体の中に平等を造らねばならないことを意味します。私たちが語ると二が入ってきますが、仏陀の考えでは、二の中に一があるのです。差別的状態がここにあり、波浪が意識の表面にあるのですが、平等はそれと別ではありません。この差別は即ち平等です。私たちが差別と平等を考えると、それらは一つにならないのですが、それは私たちの知性のはたらき方のせいです。しかしながら、私たちの直観は、二つが並び立つことを拒否します。だから、この差別を平等から分けて考えるというのは、さとりへの道ではありません。仏陀のさとり経験からすれば、平等は同時に意識の波の差別でもあります。私たちがそれについて語れば、一つがありもう一つがあるということになるのですが、実際にそれを経験することになれば、それらは同一です。知性は常に二を持ちたがります。なぜなら、それは知性のはたらく必要条件だからです。私たちが経験を表現しようとすると、二が出来しますが、この二の出来は二ではないと解ることが非常に大切です。この一が解るには直観が必要です。

このすべてが解るには、ある術が必要です。読んで考えれば、私の言うことが解るかもしれませんが、初めて聞くだけでは非常に難しいと思うかもしれません。親鸞は、反復に多くの時間を浪費しないで、この一――意識――瞬間、つまり「一念」の目覚めを強調しました。阿弥陀仏が何か、「他力」が何かを理解するには、この一――意識――瞬間があれば十分です。

何の必要あって神は世界を創造したのでしょうか、そしてその創造の結果はどうなっているでしょうか。神が動いたとき、つまり神が考えたとき、それは無意識から何かが起こった瞬間でした。神がまったく自らにとどまっている限り、神はいなかったのですが、創造を考えることによって神は神になりました。考えることによって、神は自らを二つに分けて、世界を創造したのです。世界を創造することによって、神は神となりました。普通のキリスト教徒の考え方とは真反対ですが、これは仏教徒の考え方です。〈訳註3〉神が一―思考―瞬間を起こした時、「一念」が彼の心に現成し、世界が創造されました。統一性が達成されると、そこから一―思考―瞬間が現れます。これが「一念」です。親鸞は、念仏を反復する過程よりもこの一念を強調しました。この目覚めによって、阿弥陀が解り、「他力」に到達します。一つの意識―思考の発覚が神です。なぜなら、神が自らに留まっておれば、そこに神はないからです。意識の発覚があったとき、「光あれよ」という命令が神の心に動き、神は神になりました。これは神から現れます。だから、神は「他力」です。親鸞が一―思考―瞬間の統一的状態からの現成を語るとき、それは彼自身の行為ではなく、神の行為です。ですから、神が世界を創造したのは、自らを自らに知らしめるためでした。

さて、ここに「他力」と「自力」の違いがあります。この区別は、相対的な次元でのみ可能です。その相対的次元が超えられると、「他力」もなければ、「自力」もありません。「自」と「他」の差は、差別の段階でのみ可能です。その段階が削除されると、自己もなければ、非自己もありません。だから、真は禅と分けられません。親鸞が統一状態から出る一念の発覚を語るとき、それは禅です。そこで禅と真は一つになります。親鸞は平等状態から出てくる一念を強調しました。そしてその瞬間が「さとり」なのです。

集中的な冥想から生ずる意識ないし無意識の絶対的段階があります。ここに到達すると、完璧な静寂から一つの意識―瞬間、つまり「一念」が現成します。そこから、「一念」、一思考―瞬間が出現します。神が完全な神性にあると、それは非存在、つまり完全な空の状態です。意識の完璧な統一状態から生ずるこの一念の発起が禅であり、真であります。

〈訳者註〉

〈1〉イエスの祈り（Jesus prayer）は、東方キリスト教で広く用いられてきた祈りの聖句で、連続的反復が効果的であると信じられている。これは、神聖な神の名を称えることによって、神と直接的に出会えるという聖書的概念に基づいている。

〈2〉一念に当たるサンスクリットには、*eka-ksanika* や *eka-citta*, や *eka-citta-ksana* 等が考えられる。「一つの思考―瞬間」と訳出したもとの英語は one thought-instant で、「一念」に相当する。one thought-instant とか one thought-moment は、普通「一念」と和訳するのであるが、ここではその一念を説明する英語表現を重視して、直訳を試みた。因みに英語にも as quick as a thought というような表現があって、thought には時間の速さの含意が見られる。

〈3〉この小論はもともと西洋人に対して説かれた阿弥陀信仰ついての講話であり、原著者は仏教的観点から見た神の理解を示しているのだということを心得て読まねばならない。そういう原著者の見方からすれば、阿弥陀ないし「他力」は神であるといえると論ずる。ただし、そのような神の解釈は、キリスト教の伝統的な神の理解をまったく超えていることは言うまでもない。

Ⅱ

真宗とは何か

（編者まえがき）

The Eastern Buddist 編集部は、鎌倉の松ヶ岡文庫に対してこの没後発見の一九五〇年著作論文の出版を許可下さいましたことに感謝します。原稿にはすべての文節の前に♯の記号があったのですが、読み易さを考えて除去しました。適切な編集を目的として、フットノートや小さな変更が加えられています。

一、自己とは何かという問い

私たち普通の人間が真宗を理解するのに最もよい方法は、おそらく心理学的なアプローチでしょう。なぜなら、私たちにとっては、意識の問題が最も身近な問題であり、私たちはみんな「自己」の成り立ちを知りたいという強い願いを持っているからです。

私たちはよく自己について語りますが、誰もそれが何であるかを知らず、それでも、私たちはお互いに理解しあっているかのようです。私たちは、法律的にも道徳的にも、個性や個人の責任について多くを語ります。

床に壊れた皿があります。もしひとりでに落ちたのでなければ、それを落として割った誰かがいたか、何かがあったに違いありません。もしそれが風か何かの力で吹き飛ばされたのでなければ、偶然にか、意図的にか、人の手がそれに触れたに違いありません。もしそれが単なる事故であれば、誰も皿の破損に責任はありません。

もしたまたま犬や猫がテーブルの上にいたとしても、そういう動物にそのことの責任があるとは思いません。もしそれが人間であったとしても、赤ん坊や幼子の場合は、その子を責めることはないでしょう。子供の不注意を叱ることはあるかもしれませんが、皿の破損に責任があるとは思いません。人が降りかかって来るだろうすべての譴責に耐えねばならないのは、その人が充分に成長していて何らかの悪意がその行為に関係している場合のみです。なぜならば、その人は自分のしたことをよく知っている倫理的存在だからです。

この倫理的責任感というのは、どういうことでしょうか。倫理的存在とは、どんな存在でしょうか。この問いに充分に応えられねば、私たちの社会そのものが危うくなるでしょう。

倫理的存在であるためには、まず意識を持たねばなりません。意識がなければ、自分の行為に責任があるとは考えられないからです。意識を持つということは、人が自分自身から離れて立ち、自己の批判者となり、自分の思考や行為について判断を下すことができるということを意味します。これはさらに、自分自身を意識するために自己が自らを二分するということ、自らを行為者と観察者に分けることを意味します。

それ故、倫理的であるということは、自分のしていることを十分に意識してある行為を完遂する個人、自己がなければならないということを意味します。この意識故に、人は倫理的個であり、動物とも子供とも違うのです。

しかし、心理学的に見て、こういうこと全てをなす個、この自己というのは、いったい何なのでしょう。

自己の概念は、実体の概念と密接に結びついています。実体とは、変化する現象の下にあって変わらずに残る何かです。仏教は、「現象の背後にそのような変わらぬ実体というものが本当にあるのであろうか。いわゆる自己なるもの—万華鏡のごとく移り変わる事象の背後に永遠に保存され、変わることなく永続する自己—が本当に存在するのか」という問いを立てます。

二、ミリンダ王の問い

仏教では、このような種の実体的に考えられた自己の存在は否定されます。『ミリンダ王の問い』というパーリ語の文献があり、ミリンダ王とナーガセーナという仏教の賢人との間で交わされた対話を記録しています。王がこの賢人にその名を問うと、賢人はこのように答えます。(原註1)

「王さま、私の名はナーガセーナと申します。修行僧仲間では、ナーガセーナと呼ばれています。しかし、親がナーガセーナという名を付けようと、スーラセーナにしようと、ヴィーラセーナにしようと、シーラセーナにしようと、王さま、それは、ただ、識別方法であり、言葉であり、呼称であり、便宜的名称であり、単なる名に過ぎません。それがナーガセーナです。なぜなら、『自己』というものはないのですから」と。

これを聞いて王は驚き、集まっている人びとにこう言います。

「私の言うことを聞いてくれ、五百人のヨーナカ人（ギリシャ人）諸侯と汝ら八万人の僧侶たちよ。このナーガセーナは『自己というものはない』と言う。果たして、彼の言うことに同意できるものだろうか」と。

引き続き王は直接ナーガセーナに向かって言います。

「尊者、ナーガセーナよ、もし『自己』というものがないとすれば、あなた方僧侶に衣服や食物や寝具や病気を治す薬等の必需品を与えるのは、いったい誰ですか。それらを使うのは誰ですか。戒を守るのは誰ですか。瞑想に励むのは誰ですか。『道』を、『果』を、『涅槃』を悟るのは誰ですか。殺生をするのは誰ですか。与えられていないものを盗み取るのは誰ですか。不倫を犯すのは誰ですか。嘘を言うのは誰ですか。酒を飲むのは誰ですか。『無間地獄に落ちる業』である五逆罪を犯すのは誰ですか」

「自己がないのであれば、徳もなければ、悪徳もない。徳行をなす人も悪徳をなす人もなく、またなさしめる人もいません。善行にも悪行にも結果があり得ません。尊者、ナーガセーナよ、僧侶を殺す人が殺生者でないことになるし、尊者、ナーガセーナよ、あなた方僧侶は、先生を持たず、戒師を持たず、受戒もないことになります」と。

「無我」の問題に直面して、王はさらに「あなたが、『王さま、私の名はナーガセーナと申します。修行僧仲間では、ナーガセーナと呼ばれています』と言うとき、そのナーガセーナというのはいったい何者ですか」と問い続けます。

王はさらに毛髪がナーガセーナなのか、皮膚がナーガセーナなのか、肉がナーガセーナなのかと問い、「筋がナーガセーナなのですか、骨がナーガセーナなのですか……感受作用がナーガセーナなのですか、知覚がナーガセーナなのですか、心のはたらきがナーガセーナなのですか、意識がナーガセーナなのですか」と問い続けます。

そういう質問のすべてに対してナーガセーナが否定的に答えると、王はまったく当惑した表情を見せます。

「尊者よ、私はあなたに綿密に聞いているが、私はナーガセーナを見出せません。本当に尊者よ、今やナーガセーナというのは、ただ単に空しい音に過ぎません。ではそこにいるナーガセーナは何者ですか。尊者よ、あなたは『ナーガセーナは存在しない』と言って、虚言を構え、嘘をついています」と。

今度は、ナーガセーナが王にたくさんの質問を浴びせる番となります。ナーガセーナは王にどのようにして来られましたか、歩いてですか、車に乗ってですか、と問います。王が車だと答えると、ナーガセーナは、車とは何ですかと訊ねます。車軸ですか、轅ですか、車輪ですか、車体ですか、旗棹ですか、手綱ですか、鞭ですかと、車のありとあらゆる部分について問います。王はナーガセーナの問のすべてに否定的に答えます。

ナーガセーナは、ちょうど王が自分を嘘つきだと言ったように王もまた嘘つきであると結論します。なぜなら、王は乗ってきた車が何かと問われて、結局車はないと答えているのですから。

「車」という言葉は
構成要素が集まって全体と成ることを意味しているように
集合（*skandha*）〈訳註1〉が見えてくると
私たちは「有情」（生きている存在）〈原註2〉という言葉を使います〈訳註2〉

身体ないし肉体として知られているものは、多くの要素に分析できます。そしてその要素はさらに原子や電子に還元でき、電子は一種の数学的方程式で表現できるものです。身体は結局集合体であり、その構成にはあらゆる可能な組合わせがあるようです。この組合わせに永遠なものは何一つありません。かくて、世界は絶えざる流れの中にあるといわれます。

さて、心といわれるものに眼を向けてみましょう。心の実体とか我の基盤というような永遠に残り続ける何かがあるのでしょうか。時には魂とか霊と呼ばれて、身体の解体後にも残る何かを持っているといわれる心は、感受作用や、感情や、表象や、概念等の組合わせにほかなりません。それをたくさんの意識要素に分析してみれば、そこには、心とか、魂とか、自己として残るものは何もありません。それはただ「ナーガセーナ」や「車」のごとく、単なる名であり、単なる概念であり、その背後に隠れているものは何もありません。

だから、一切は、生れたり死んだりしながら、絶えざる流れのなかにあって、移ろいやすく無常であるといわれます。この説は、広く仏教の無我（無—自己）〈訳註3〉の教えとして理解されています。しかし仏教には、より深い自己（アートマン）の考え方があって、このアートマンは仏教徒に否定されません。

三、絶対的自己との出会い

では、この自己とは、いったい何でしょうか、人間意識の統合原理としての自己とは、いったい何でしょうか。私たちがそれについて確認できるのは、それは思考の対象とはなし得ないということ、普通の意識の領域には入れ得ないということだけです。なぜなら、私たちがそれを試みると、自己は「自己」と「非自己」に分かれることになるからです。それは、自己はもはや自己でないことを意味します。自己はなんとかして自己に把握されねばなりませんが、しかし二分化してもいけません。私たちはどうしたらいいのでしょうか。

仏教徒がなぜアートマンを否定し、いわゆる無我の教義を立てるのかというと、その理由は、思考の対象となる普通の自己は本当の自己ではなく、分割された自己、仮定された自己、相対的意識の領域に生じた概念に過ぎないからです。これは仏教では否定されます。なぜなら、そのような概念は、単なる名であり、私たちの関心を固定する便利な方法に過ぎないからです。それに対応する実体はありません。だから、それに執着するのは馬鹿げています。無我、アナッタの教義は、心理学的なものというだけではありません。本当は愛着するに値しないものへの不当な執着から離れるように、私たちを道徳的に強化するのです。

ではいったい、「自己」の概念に、個別存在の実在性に、人格の尊厳に頑固に愛着させるものは、何なのでしょうか。本当に個性というものを作る何かが私たちの内にあるに違いありません。それを相対的意識の領域にもたらすことはできませんが、私たちのそれに対する執拗なまでの愛着を説明できるというか、それにもまして、この相対的自己を保持するばかりでなく、実際に宇宙全体を動かしている、真の「実体」への私たちの不屈の探索を満足させ得る何らかの把捉方法があるに違いありません。

この自己というのはいったい何でしょうか。どうしたらそれに「会える」のでしょうか。どうしたらそれが本当に私たちの存在の基礎を成しているということが解るのでしょうか。私たちの宗教的探求はすべて、この最も根本的な問題の解決に収斂します。すべての宗教はそれぞれに、究極的な実在、最後の自己、統合的原理に到達するための、その宗教自体の実現方法を持っています。

真宗もその最終目的を達成するそれ自体の機構を備えています。一方には、阿弥陀仏、その本願、その正覚、その浄土があり、もう一方には、凡夫〈訳註4〉と呼ばれる私たち衆生、あらゆる種の悪行を犯し、ありとあらゆる迷想や欲望を抱く有限な存在があります。

前者を法といい、後者を機といいます。すでに使われている用語を使用するとして、法は絶対的自己であり、機は相対的概念上の自己です。真宗は、この法と機は一つであり、この一体性が解れば、絶対的自己が何であるか、阿弥陀が何であるか、その浄土が何であるかが解り、人間存在の運命がどんなものであるか、人生の意味がどんなものであるかが解ると教えます。しかしこれに関連して、決して見逃してはならない最重要な一点があります。それはこういうことです。法と機の一体性は、その二元性を損なわないということ、機と法は一つであってしかも二つであり、二つであってしかも一つであるということです。この教義は、無礙の教義、融通の教義として知られています。

四、親さまに出会った才市

この教義は実例で示した方がよいかもしれません。現代の最も驚くべき真宗信者の一人が作った自由詩のいくつかを引用します。彼は十七年前（一九三三年）に亡くなりました。彼はまったく無学な人でしたが、なんとか自分の思いを仮名で書くことはできました。自分の豊饒な素晴らしい精神的体験を振り返りつつ、彼には書くべきことが非常にたくさんありました。

すべての真宗信者にとってそうであるように、彼にとって阿弥陀は親さまでした。親は父と母の両

方を意味し、両方の性質の結合したものを表します。それは非常に意味深長な日本語です。〈原註3〉

さいちや（才市）仁よらい三（如来さんは）わだれが
仁よらい三か仁よらい三わ
わしが仁よらい三であります
ごかい三（ご開山は）わだれがごかいさんか
ごかい三わわたしがごかい三で
あります
を京（御経は）わだれがを京かを京
わわたしがお京であります〈訳註5〉

さいちや（才市は）あみだ（阿弥陀）とてまがゑ（手間換え）〈訳註6〉
するぞわしがあみだををがんで（拝んで）
やればみだもさいちをおがん
でごする（くれる）〈訳註7〉これがあみだとてま
がゑよごをんうれしや
なむあみだぶつなむあみだぶつ〈訳註8〉

ねてをれば（寝ておれば）あみだ（阿弥陀）がさいち（才市）を
をがんでごする（拝んでくれる）わしもあみだ
をまたおがむなむあみだぶつ〈訳註9〉

さいち（才市）やをやさま（親様）なんとゆう
あみだ（阿弥陀）ぶつぶつゆうてをるよ
をやさまわ（親様は）なんとゆう
なむ（南無）よなむよとゆてをる（ゆうておる）よ
あなたわたし仁（に）
わたしわあなたきほをいたい（機法一体）〈訳註10〉
なむあみだぶつ〈訳註11〉

［アンゲルス・シレジウス〈訳註12〉］
私は知っている　私なしに
神は一瞬たりとも生きられないことを
もし私が死ねば神は
もはや生き残れないだろう

私は神のように大きいし
神は私のように小さい
彼は上でありえないし
私が下でもありえない

この一体感は、しかしながら、才市が、それとは別な感情、自分の罪深さを浅ましいと思う感情を抱くことを障げません。機法一体は、偉大にしてはるかに自分を超えている阿弥陀との距離を消し去りません。

あさましや
さいち（才市）こころわ（心は）あさましや
もをねん（妄念）がいちどにでるぞ
にがにがしいあく（悪）のまぜりた（混った）ひ（火）がもゑる
あくのまぜりたなみ（波）がたつ
あさましやぐち（愚痴）のまぜりたひがもゑる
じゃけんもの（邪見もの）のあさましや
とどめられんか

さいちがこころくよくよと
をきる（起きる）こころをたするみれば〈訳註13〉（尋ね見れば？）
てん（天）にぬりこす（乗り越す）さいちのこころ〈訳註14〉

私たちの論理的欲求を満足させんとしてこの経験を理論的に説明する真宗哲学は、ご覧のように神秘と抽象に満ちており、普通の人が理解するのは決して容易ではありません。

五、機法一体を具現する念仏

実際的経験的観点からすれば、機というのは、前述のごとく、相対的意識の領域を占める、概念的に要請された自己であるといえるでしょう。この自己ないし我は、テーブル、茶碗、家、山など私たちの周辺にあるすべてのごとく、実体はありません。それらは自性を維持しながら永遠に存在するように見えるかもしれませんが、私たちがみんな経験するように、そういうものに永遠性はなく耐えざる変化に晒されています。昨日見たものが今日はなく、今日見るものが明日はないでしょう。その上私たちはか弱いもので、原子爆弾が一閃すれば、何千人もの人びとが無に帰してしまいます。大地は本当に至るところ死者に満ち溢れていますし、かつていのちの栄えなかった所は一つもありません。誇り高き王も賢い哲学者も、等しく閻魔大王の指図に従わねばなりません。そういう人びとも、私たちが無頓着に踏み潰してしまう虫けらのごとくみんな滅ぼされます。傲慢に自己主張をし、傲然たる態度でその「頭」と「身体」を保持している「我」は、いったん何かがうまくいかなくなると、打ちのめされてしまいます。「私のもの」と思っていた四肢はもはや「私の」命令に従わず、死体は虫の食べるままとなります。この心理学的、論理的「我（自己）」は、不面目な死を被る運命にあります。

では、いったい、どこに行ったのでしょう、人格の尊厳を象徴していたものは、道徳的責任を体現していたものは、一切の感覚的喜びを満喫していたものは、仲間達の間で気高く優雅に見えていたものは。

この世に永遠なものは何もありません、すべては無常です。諸行無常〈訳註15〉。私たちの意識的我、概念的に立てられた我に関する限り、私たちの内に何らの実体もありません。この我を、真宗の哲学者は「機」と呼び、それは、「はからい〈訳註16〉」、人間的推論の産物です。

「法」は、「はからい」つまり推論の遂行によって、到達することはできません。もし「法」が捉えられなければ、苦の滅はありえませんし、平安の達成もありえません。私たちは、悩み、恐れ、慄き続けねばなりません。

「法」は、アートマン〈訳註17〉そのものです。それは、相対的意識領域に反映されたアートマンではなく、意識そのものを作動させ意識をして自らを超えた何かの中にその根拠を求めさせるものです。

私たちの意識は、一滴の水さえあればその陰を映す、天空の月のたくさんの投影のようなものです。大洋の波の上に乱反射する月影、山間の湖において静謐にその美しい輪郭を描く月影、それはまた雨後の道路にできた小さな水溜りにも映っています。それは間違いなくすべて、大きさやありさまはどうであろうと、三千大千世界を照らしている同じ月の反映です。ある日本の詩人のいわく、

各々に月を宿せる田圃かな
ふりさけ見れば永久の月影〈訳註18〉

この永遠に静かに照らしている月は、アミターブハ（無量光〈訳註19〉）、阿弥陀仏であり、ここではそれを「法」ともいいます。阿弥陀仏は、私たち一人ひとりの中に、その影というか、似すがたというか、影像を鋳込んで、私たちは私たちの中のその影を通して本物を摑むことになるのです。私たちが本物に到達したいという切実な願いを抱くのは、実にこの影のすがた、すなわち「はからい」を通してなのです。私たちの熱願はこれが成就するまでは決して癒されないでしょう。その願望は、不安、心配、恐怖、苦痛、「苦悶〈訳註20〉」といった形をとります。

あらゆる心霊療法も入れて、精神治療というものは、本当の月をとらえるまでは決して完成しないでしょう。なぜなら、いかなる心霊操作も相対的意識領域を突破させることはできないからです。非常にたくさんの心霊治療の流派があって現代アメリカ人に等しく利用されているという事実は、すべての不必要な道具立てや浅い考えを無視して、苦悩の根底に直接に到達する、仏教的治療の切実な必要性を示しています。

意識を最も深い基盤にまでもたらす意識の統合的原理は、「南無阿弥陀仏」です。そこに機と法の一体が具現しています。『南無』が「機」であり、『阿弥陀仏』が「法」です。

もしそれを神秘（不可思議）と呼ぶとすれば、南無阿弥陀仏の神秘は、人間の理性を完全に超えています。どれほど多くの「はからい」を駆使しても、私たちはこの神秘を分析することはできません。なぜなら、私たちが「はからい」で到達できるのは、ものごとの外殻であって、それより深くは進まないからです。この神秘は経験されるものです。本当に根源的価値を有する経験はすべて、私たちの合理的分析にはかかりません。

南無阿弥陀仏において、私たちは機と法の一体、相対的自己と絶対的自己の一体を経験します。

もう一度才市に戻って、彼の南無阿弥陀仏の経験に耳を傾けてみましょう。それは、私たちを「はからい」への、推論への耽溺から救ってくれるでしょう。才市はここで意味深長な「味わい」という言葉を使うのですが、面白いことに、あるユダヤの神秘家もまたこの言葉を使います。（南無阿弥陀仏は念仏と同じで、才市や真宗信者はその二つの言葉を互換可能な形で使います）。

さいち（才市）よい　へ
なむあみだぶつのあじ（味）わ（は）
どがな（どんな）あじがするか　へ
なむあみだぶつのあじわどがなあじがするか　へ

なむあみだぶのあじわ
くわんぎむね仁みち（歓喜胸に満ち）
かつごをむきもにみち（渇仰肝に満ち）〈訳註21〉
うしを（潮）のみちるごとくなり
これわこれわと
たまげる（魂消る）ばかり〈訳註22〉

南無阿弥陀仏は、ただ単に無分化な一ではなく、「機」の方向と「法」の方向、二方向に動きます。

才市はこれを十分意識しています。

あさましや
あさましいねんぶつ（念仏）
ごをん（御恩）念仏
さいちわ（才市は）ふたあつ（二つ）あるか
ふたあつあるでわなけれども
りょやく（両役）つとめるひとつねんぶつ（一つ念仏）〈訳註23〉

さいち（才市）やりょげ（領解）をだいて（出して）みよ
へへ　だしま正（出しましょう）だしま正
あさましやあさましや
なむあみだぶつなむあみだぶつ
それでわ（は）さいちわわからんでわ（解らんでは）ないか
へへ　わかりますともわかりますとも
さいちがりょげわ（領解は）
きほをいたいなむあみだぶ（機法一体南無阿弥陀仏）が
さいちがりょげであります
さいち（才市は）やりよて（両手に）仁（花）はなよ
とられたり（取られたり）もろをたり（貰うたり）〈訳註24〉

これは次の歌ほどよくない。というのはなんだか理屈が混じっているからです。こちらの方がよい。

なむあみだぶつわ（なむあみだぶつは？）
仁ちりん三（日輪さん）のごとく
せかい（世界）のごとく

だいじ（大地）のごとくうめ（海）のごとく
いか仁（いかに）さいちがこころでも
さいちやこくう仁（虚空に）つつまれて
なむあみだぶわこくうをつつんでをる（おる）
なむあみだぶをみなさんも
このなむあみだぶをきいてくだされ（聞いて下され）
じごく（地獄）のがれる
なむあみだぶつ〈訳註25〉

（原　註）

（1）Questions of King Milinda（『ミリンダ王の問い』）は、ヘンリ・クラーク・ウォレン訳 *Buddhism in Translation*, Harvard Oriental Series vol 3. Harvard University Press, 1922, pp. 129–133を参照。

（2）（　）内の言葉（「生きている存在」a living entity）は、鈴木大拙の使った表現。

（3）詩作者の名は、浅原才市。

〈訳者註〉

〈1〉 *skandha*（スカンダ）というサンスクリットは、ここでは色受想行識の五蘊を意味する。

〈2〉 この詩句は、『ミリンダ王の問い』の中のナーガセーナの言葉に引用されているヴァジラー比丘尼の偈。

〈3〉 パーリではアナッタ、サンスクリットではアナートマン。ここで「無我」と訳出している箇所は、鈴木大拙の英文原著では non-ego, *anattā, anātman* と、無我（non-ego）にパーリとサンスクリットの相当語が併記されている。

〈4〉 鈴木大拙は凡夫という日本語を *bompu* とローマナイズして、括弧内に *bāla* または *pṛthag-jana* という説明を入れている。

〈5〉 鈴木大拙編著『妙好人浅原才市集』（春秋社、一九六七年）二一一頁、「ノート二」の三五の前半。

〈6〉 「てまがゑ」は「手間換え」で、労働力の交換のこと、たとえば、田植えのときなどに、農家がほぼ同等の労働力の交換をしあうことをいう。

〈7〉 石見地方の方言「ごする」は「呉れる」の意。

〈8〉 鈴木大拙編著『妙好人浅原才市集』二八二頁、「ノート十七」の一八。

〈9〉 鈴木大拙編著『妙好人浅原才市集』二八二頁、「ノート十七」の一九。

〈10〉 浅原才市は「機法一体南無阿弥陀仏」を朝夕拝読する蓮如上人『御文』から学んだ。

〈11〉 鈴木大拙編著『妙好人浅原才市集』一八頁、「ノート二」の一一。

〈12〉 アンゲルス・シレジウスは、ヨハネス・シェフラー（一六二四〜一六七七）というカソリック僧のペンネーム。詩を書く僧で、神秘家であった。

〈13〉この一字「る」は、「ね」の書き間違いであろう。

〈14〉楠恭編『定本妙好人才市の歌一』（法藏館、一九七七年）、一一～一二頁、「第一ノート」三二の前半。

〈15〉この諸行無常は、鈴木大拙の原文では *sarvam anityam* とサンスクリット表記。

〈16〉「はからい」hakarai とローマ字表記になっていて、human reasoning（人間的推論）と説明されている。人間知性のはたらき全般を指す。

〈17〉サンスクリットの *ātman*、我もしくは自己の意。ウパニシャッド哲学の我ではなしに、大乗仏教でいう常楽我浄の我。

〈18〉試みとして「各々に月を宿せる田圃かな　ふりさけ見れば永久の月影」と訳出してみたが、原典不詳。

〈19〉Amitābha は無量光と訳出される阿弥陀仏のサンスクリット名。

〈20〉ここで苦悶と訳した angst という言葉は、ドイツ語の Angst から来ており、これは対象のない不安や恐れや慄きを意味する。原著者鈴木大拙には、キルケゴールの *Der Begriff Angst*『不安の概念』を精読した形跡がある。

〈21〉「歓喜胸に満ち渇仰肝に満ち」は、覚如の『報恩講式』第一段に「歓喜胸に満ち渇仰肝に銘ず」とあるのを記憶していたのであろう。

〈22〉鈴木大拙編著『妙好人浅原才市集』三頁、「ノート一」の六。

〈23〉鈴木大拙編著『妙好人浅原才市集』一七頁、「ノート一」の八。

〈24〉鈴木大拙編著『妙好人浅原才市集』二九四頁、「ノート十八」の一六。

〈25〉 鈴木大拙編著『妙好人浅原才市集』二九三頁、「ノート十八」の一五。

無限な光

（編者まえがき）

The Eastern Buddhist 編集部は、松ヶ岡文庫に対して一九五〇年ごろに書かれたと見えるこの論文の掲載許可を感謝します。これは、著者がカリフォルニアで行った一連の講義として始まり、後ほど取りまとめ書き直して、このような一個の論文の体裁をとったもののようです。タイプ原稿には、著者がフットノートを入れたいと思ったところに指示がありました。フットノートは鈴木大拙の秘書岡村美穂子氏が、鈴木大拙の英文著書から可能と見たものを収集して作成しました。〈訳註1〉

一、アミターブハ――無限な光の仏

いささかなりとも仏教経典に親しんでいる者であれば、特に大乗の伝統に属する者であれば、すべての仏は光に包まれており、その身体のさまざまな部分から光を放射し、光り輝く雲に乗っているというような具合に描写されていることに気付いているに違いありません。仏たちばかりでなく、それに関係しているものすべてが光っています。たとえば、『華厳経』においては、仏陀がさとりの境地に入るや否や、彼を取り巻く大地や、彼の坐上の樹木、膝下の獅子座、そのすべてが輝き出すとあります。すなわち、仏の現れるところはどこでも、周りに存在するすべてを含む環境が、奇跡的に変化して光に包まれてしまいます。

こうして『無量寿経』など浄土教系諸経典もまた、諸仏とその国土を目も眩まんばかりの光で描写しています。実は、仏そのものの名が「無限の光」、サンスクリットではアミターブハ[原註1]です。すると、その名を帯びる諸経典が、仏とその国土を徹底的に光によって描写することには、何の不思議もありません。阿弥陀の物語の語り手である釈迦牟尼は（というよりも、「釈迦牟尼によって語られたとしてその物語を伝えた人は」）、読者や聴者のこころにこの点を銘記させるためにあらゆる手を尽しています。これは、人間的尺度を超えた阿弥陀の輝かしい威厳の描写に見られます。「永遠のいのち」をもつことと、その「無限の光」は、阿弥陀如来の二つの特徴です。

ベアトリス・レイン・鈴木訳[訳註2]の親鸞の和讃、『アミターブハを讃える歌（讃阿弥陀仏偈和讃）』から引用しましょう。

弥陀成仏のこのかたは　いまに十劫[原註2]をへたまへり
法身[原註3]の光輪きはもなく　世の盲冥をてらすなり

智慧の光明はかりなし　有量の諸相ことごとく

光明かふらぬものはなし　真実明に帰命せよ
解脱の光輪きはもなし　光触(原註4)かふるものはみな
有無をはなるとのべたまふ(原註5)　平等覚に帰命せよ

光雲無碍如虚空　一切の有碍にさはりなし
光沢かふらぬものぞなき　難思議を帰命せよ

清浄光明ならびなし　遇斯光のゆへなれば
一切の業繋ものぞこりぬ　畢竟依を帰命せよ

仏光照耀最第一　光炎王仏となづけたり
三途(原註6)の黒闇ひらくなり　大応供(原註7)を帰命せよ

道光明朗超絶せり　清浄光仏とまふすなり
ひとたび光照かふるもの　業垢をのぞき解脱をう

慈光はるかにかふらしめ　ひかりのいたるところには
法喜をうとぞのべたまふ　大安慰を帰命せよ

無明の闇を破するゆへ　（原註8）智慧光仏となづけたり
一切諸仏三乗衆（原註9）　ともに嘆誉したまへり

光明照らしてたへざれば　不断光仏となづけたり
聞光力のゆへなれば　心不断にて往生す

仏光測量なきゆへに　難思光仏となづけたり
諸仏は往生嘆じつつ（原註10）　弥陀の功徳を称せしむ

神光の離相をとかざれば　無称光仏となづけたり
因光成仏のひかりをば　諸仏の嘆ずるところなり

光明月日に勝過して　超日月光となづけたり
釈迦嘆じてなをつきず　無等等を帰命せよ〈訳註3〉

したがって阿弥陀というのは、自らの輝く光明によってすべての世界を満たす無限な光をもつ仏であり、遇々その光に触れる衆生は誰でも、必ずやその汚れをすべて除かれ、その体は柔軟になり、善に溢れる心は歓喜に満たされます。実に、阿弥陀の話をする釈迦牟尼自身の相好が、周りに集っている会衆全員の注意を引く光で輝いています。

次の引用文は、阿弥陀が世自在王仏(原註11)の下で厳かに四十八願(原註12)を宣言した時、彼が世自在王に対して述べたものですが、釈迦牟尼にも適用できる偈文だと思います。実際、もし釈迦牟尼が阿弥陀や世自在王とまったく同じ光で輝いているのでなければ〈訳註4〉、彼は霊鷲山上の会集に対してしたような阿弥陀の話を決してできなかったでしょう。三人の仏はみんな一人ひとりが、私たち人間の描写の努力が全く及ばないような、並外れた美しさと輝きをもつ同一の光に包まれているのです。

　光顔巍々として　　威神極まりなく
　是の如きの焔明　　与に等しきもの無し
　日月摩尼　　　　　珠光の焔耀も
　皆悉く穏蔽して　　猶し聚墨の如し(原註13)

浄土を照らす光もまた同質の光明です。ですから、もし私たちが普通まわりに見ている色彩でそれを描こうとしても、浄土の信者がいう臨終においてさえも、それを見ることはできません。阿弥陀とその浄土は同質であり、人間界より高い秩序に属し、まったくそれを超えています。仏国土と国土内のすべてに浸透している光には影がありません。波長の仮説では測れません。長いも短いも無く，広いも狭いもありません。阿弥陀の光はそういう性質のものであるから、道徳的穢れであれ何であれ、私たちのすべてをそのままに受け容れて、私たちをその光の中に入れることができるのです。もしその光がその波長で測れるものであれば、私たちのそこへの侵入は、直ちに周り一面に影を投げかけ、国土全体が暗黒の世界に転じてしまうでしょう。[原註14]この娑婆世界の私たちが何故浄土の住人になり得るかといえば、それは浄土の光はすべてのものに貫通して、そのすべてを浄土に行き渡っている自らの色光に変えるからです。だから、『大無量寿経』にはこう書かれています。

たとひ我仏を得んに、国の中の人天、悉く真金色ならずば、正覚を取らじ。（第三願）[訳註5]

また、

たとひ我仏を得んに、国の中の人天、形色不同にして、好醜あらば、正覚を取らじ。（第四願）[訳註6]

二、光と娑婆と地獄

この娑婆世界に住む私たち凡人の理解を超えており非常に不思議に思われるのは、この「光明」がここでも輝いており、私たちはその中にいるという事実です。私たちの多くは間違いなく次のような問いを問うことでしょう。「もし私たちがこの阿弥陀の光の中にいて、この世がその光輝を共有するというのであれば、すべてがその光に包まれているこの世が、なぜ浄土と同じように金色にならないのであろうか」、「なぜここには三悪道があるのだろうか」、「なぜ私たちは本当に嫌になるほど汚濁に[原註15]

塗れているのであろうか」等々、そのような疑問は果てしなく湧き起こってくるでしょう。では、もし本当にこの光が私たちの上に輝き内にはたらいているのであれば、そのような問いに対してどう答えたらよいのでしょうか。

答えはこうです。もし私たちが醜くもなく、不恰好でもなく、さまざまな穢れに染まっているのでもなければ、浄土はないだろうし、したがって光もないだろうし、この娑婆世界そのものが存在することも不可能でしょう。私たちが上記のような疑問を起こす理由は、阿弥陀の光がまさしくここに私たちと共に、私たちの内に、私たちの周りにあるという事実にあるのです。もしそうでなければ、私たちが光の偏在に関して問いを発すということは決してないでしょう。私たちを促して阿弥陀について問わせるのは、実は阿弥陀の光です。なぜなら、阿弥陀の光がここに入ってくるや否や、影の無い光に影が生じ、疑いの影や不安感で私たちをいわば苦しめ始めるからです。光は阿弥陀の国土では絶対的に障りなく輝いているのですが、この世の私たちは闇黒を感じざるを得ません。

だから私たちは、もし阿弥陀とその国土がどこか外にあって私たちの世界から隔絶していると思い込むとすれば、非常に嘆かわしい間違いを犯し、その結果として苦しむことになるでしょう。また、もし、この世そのものが浄土であり私たちはみんな紛うことなき権利を持って浄土の住人であると思うとしたら、それも非常に悲しむべき間違いであり、苦しむことになるでしょう。この二つの考え方は用心深く避けねばなりません。

またもう一つの不思議、おそらく最も不思議なことは、阿弥陀の光は、ナラカ（原註16）、すなわち地獄、にも輝いているということです。この「光明」が無ければ、地獄も生れず存在し続けることもできません。もしこの「光明」が無ければ、地獄は真暗闇の状態となるでしょう。つまり、存在しないということになります。私たちが地獄について語ることができ、実際に多くの人びとがあらゆる種の苦痛、苦悶を経験しているのを見ることができる限り、地獄にも何らかの光がなければなりませんし、いかに暗い光であろうとも、それは阿弥陀の光から来ているのでなければなりません。なぜならば、いかなる種の光も阿弥陀以外からは生じ得ないからです。冥界の大王の閻魔が傍らに自分自身の「裁きの鏡」を持ちえているのは、その鏡は阿弥陀の光を映しているからです。閻魔大王は何か別な宗教で教える意味の審判ではなくて、自らのやり方で裁きます。閻魔大王は決して処罰はしないけれども、私たち衆生が有限相対な存在として必然的に染まっているすべての穢れを知り尽くしています。

阿弥陀の光が地獄に届くのでなければ、閻魔の裁きの鏡は決して十分に明るくなく、公明正大でもあり得ず、自己本位的痕跡を免れ得ないでしょう。この「光明」が無いと、閻魔大王は、条件付で制約があり周りに影を落としてしまう自分の光では、何も本当に見ることはできません。自分の判断でしかない閻魔の光は、阿弥陀の光をいくらかでも反映するのでなければ、何の役にも立ちません。事実、もし阿弥陀の光が地獄まで徹透し得るのでなければ、それは波長のある光に過ぎません。

阿弥陀の光がこの世にまで及んでいるというと、私たちは一種の矛盾を感じるかもしれません。しかしながら、地獄と阿弥陀の光の関係には、もっと深刻なというか、もっと不気味な形の矛盾があるといえます。深刻といわんか、不気味といわんか、脅迫的といわんか、ここには疑いなく矛盾があります。実際、地獄は娑婆世界の延長に過ぎず、もし阿弥陀の光が娑婆に徹透するのであれば、その「光明」が地獄をも照らさないわけはない。光と闇は相矛盾するものである。なぜなら、一方があるところに他方はありえないからである。闇に対立するような類の光は、影の無い阿弥陀の光ではない。影の無い光であれば、それはあらゆる形の矛盾を超越しています。阿弥陀の光はすべてを覆い、すべてを同一の真金色に見せます。矛盾は人間につきもので、論理上のことです。阿弥陀には、論理性も非論理性もありません。阿弥陀は矛盾を超えています。地獄も娑婆も阿弥陀の光です。

そもそも私たち人間がものを考え始めるときの問題は、思惟を主観と客観の二項目に分割して、そういう分割の過程を果てしなく続けようとするところにあります。このような分割が思惟の本質であり、この分割のために一方が他方に対して常に直接的に対置されて、あたかも両者の間には共通基盤がありえないかのごとくであるが、どれほど深く隠されて見えなくなっていても、実際にはその対立の根底には常に一体性があって、それによって二つの対立項目が総合され得るのです。それ故、どのような種の矛盾であっても、矛盾する両者は自己超越することによって常に統一できるのです。矛盾の理由は、それ故、相互的関係性と高次な一体性の理由でもあります。

私たちは浄土と地獄の間に鋭い分離と超えがたい間隙を作り出して、一方を他方に近づけることはできないと考えてしまいます。しかし、もし浄土が地獄の深淵まで浸透していなければ、その「光明」は一切を照らしているとはいえません。阿弥陀の浄土には、なるほど、娑婆も地獄もありませんが、影の無い阿弥陀の光は差別を超えています。その「光明」は浄土であり、娑婆でも地獄でもあります。それ故に、その「光明」は、浄土のみならず娑婆や地獄の住人も、すべての国の住人が、触れたり見たりできるのです。もしそういう事実が無ければ、地獄ばかりでなく娑婆世界も、浄土へ再生することはできないでしょう。条件が十分に熟すれば、浄土はどこにでも顕れます。そして、そのような条件は、仏教によれば無尽蔵にある世界のどこにもあり得ます。

阿弥陀の光は、地獄と娑婆に、否定的だけでなく肯定的にも、顕れてきます。そうでなければ、地獄の住人にはチャンスがまったくないことになります。(原註17) 親鸞が「悪人こそ阿弥陀の救済の対象です」というのはそのためです。阿弥陀は、まことに地獄にこそより大きな関心があります。それは、その「光明」には地獄に入るチャンスがより多いということを意味します。逆説的に言うなら、人間的観点から見て、浄土と地獄のこの矛盾があればこそ、阿弥陀は地獄に降りて来て閻魔の虜を救い上げるのであり、そしてそれ故に、私たち人間がより多くの障害があると考えるところで、浄土の光はより一層その輝きを増すのです。

尽十方の無碍光は　　無明の闇をてらしつゝ
一念歓喜する人を　　かならず滅度にいたらしむ

無碍光の利益より　　威徳広大の信のえて
かならず煩悩のこほりとけ　　すなはち菩提のみずとなる

罪障功徳の体となる　こほりとみずのごとくにて
こほりおほきにみずおほし　さはりおほきに徳おほし（原註18）

地獄は闇ばかりの地ではない。闇ばかりというようなものはないのです。地獄の闇には「光明」を隠すような性質があります。あるいは、まさしく闇であるが故に、地獄は阿弥陀から光を得て、闇から救われるとも言えます。人は、地獄にある限り、この神秘中の神秘を理解することはできません。繰り返しますが、地獄は、自らを見ることができません、なぜなら自分自身の光を持たないからです。閻魔の鏡は、浄土の「光明」を映しているので、明るく塵一つありません。閻魔は、「彼方」から来る「光明」のほかには、自国の住民に対する力を持ち合わせていません。地獄に燃えさかる永劫の火は、住人が地獄にさえも阿弥陀の「光明」が映っていることを理解したその瞬間に、涼しい蓮池へと変容します。

ハワイに住む女性の妙好人（原註19）は、自らの経験を次のように表現します。

おちよおちよとゆわれて
おちてみれば
はすのはなのうえ（訳註7）

「おちる」というのは地獄へ堕ちることで、それは、地獄が有限にして相対的な一切衆生の必然的終着点だからです。しかし、ほとんどの人は、この必然性を恐れそこから逃れようともがきます。ところが、もがけばもがくほど一層深くディレンマに陥り、絶望的に底なしの深淵を覗き込むことになります。この危機は、待ち構えている地獄の悪魔の口にそのまま飛び込むことによって、乗り超えられるのです。その決断は、絶望の結果ではなく、相対性を断絶する行為であり、それは、「光明」が地獄の自力の闇を突き破る最高の瞬間です。だからこそ、相対的な経験的意識が飛び込もうとしている底なしの深淵が、その瞬間、阿弥陀の光に輝く蓮の花に変化（へんげ）するのです。

「光明」は創造的活動であり、「光明」の触れるところでは、古いものが変容するばかりでなく、新しいものの創造が起こります。もしそれが光の陰影や波長で測られる事象であれば、そこに奇跡は生れないでしょう。もしそれが浄土を創造するのであれば、娑婆や地獄も創造できるはずです。もしそれが空間や時間や因果を創造できるのであれば、そのような相対性のものすべてを、ただ一条の光線で掃滅することもできるでしょう。だからこそ、私たちの百千億[原註21]倶胝劫[原註20]の罪も南無阿弥陀仏[原註22]の「一念」[原註23]で消滅され得るのです。

「光明」を空間的知的に考える限り、そこにはたくさんの矛盾が生じます。浄土対地獄、自力対他力[原註24]、凡夫対仏[原註25]、煩悩[原註26]対菩提[原註27]もしくは涅槃[原註28]、等々です。しかし、このような「光明」の捉え方を止めて時間的に表現すると、すべてが可能になり、不思議が不思議でなくなります。昨日の凡夫は今日の仏、ジャッカルはライオンに成り、血と火の溢れる地獄は、澄み切った清水に満たされ爽やかな風がやさしく吹き渡る蓮池に変容します。恐ろしい火は跡形もなく、すべては美しく輝く黄金色です。「光明」が地獄に達することによって空間的な変化が起こるばかりでなく、時間そのものもその相対的な継起の条理を失い、過去は現在と成り、未来はもはや期待ではありません。これは阿弥陀の第五願から第十五願に示されています。この点の説明のためにその中の一つを紹介しましょう

> 設ひ我仏を得んに、国の中の人天、見他心智を得ず、下百千億那由他の諸仏の国の中の衆生の心念を知らざるに至らば、正覚を取らじ。〈訳註8〉

娑婆世界に普及している通常の相対的な観点からすれば、浄土に往けば天耳とか天眼とかその他同様な感覚力が得られるという、それらの願に語られていることには何らの意味もありません。浄土の住人は何のためにそのような並外れた感覚力を持たねばならないのでしょうか。彼らは既に、一切の現世的関係には意味が無くなる、浄土にいるのです。天眼とか天耳というのは、ここ娑婆でこそ非常に望ましいものかもしれないが、浄土においては、諸仏の説教を憶えられるとか、十方の諸仏国土を見られるというようなことでさえも、阿弥陀の国の住人がすでに持っているものに加える価値のない、余計な無駄というか、迷惑ですらあるかもしれません。彼らは浄土において諸仏の教説にある一切を享受し、それを実際に生きているのです。浄土は、一切が充実していることの象徴そのものであり、実際浄土の住人には何ら不足もありません。もし彼らが浄土においてまだ何か欲しいものがあるとすれば、そこはもはや浄土ではないでしょう。

阿弥陀の誓願に約束されているすばらしい能力や経験は、空間や時間や因果といった概念が役立た

ない浄土の超越的本質の証明にほかなりません。浄土はさとりの体験そのものであり、阿弥陀の誓願にあるすべての詳細は、経典が編まれた時代のインドで考えられたその体験の内容です。

浄土は、娑婆に属する比喩的表現に満ちているとはいえ、娑婆の言葉で解釈すべきではありません。そのような比喩的表現に付き纏う意義をまったく無視して、阿弥陀の「光明」を独自な形で叙述するところでは、私たちはこの世に所属しない特別な尺度を使わねばなりません。私が阿弥陀の「光明」は波長の理論で説明すべきでないというとき、その意味するところは、私たちの扱っているのは、まったく独自な、私たちの知的仮説を超えた主題であるということです。

浄土を叙述するには娑婆の比喩的表現に頼るしかないという事実は、その限りにおいて浄土は娑婆や地獄以外の場ではないということを示しています。

もし阿弥陀の光が地獄にも娑婆にも届かなかったら、浄土は浄土であることを止め、阿弥陀の誓願は無に帰するでしょう。もし反対に、私たちが知的観点からこの世を（さらには地獄をも）浄土に無関係な浄土から独立した領域だと考えるならば、私たちはこの世を阿弥陀の「光明」から切り離すと同時に、その「光明」の万物を照らす本性を否定しているのです。そんなことになれば、阿弥陀の誓願も無意味になるでしょう。

三、娑婆世界の「光明」

もし浄土が自らをこの特殊な相対の世界に投影するのでなければ、阿弥陀の誓願には意味がないという見解は、私の考えでは自明なことであり、特別に何らの理由付けも要らないのですが、浄土真宗の大部分の人びとには抵抗があるかもしれません。そういう見解が経典的根拠に基づくものであり、私たちの内奥の経験によっても証明されるものであるということを示すために、康僧鎧訳の『大無量寿経』から次の一節を引用します。阿難が浄土を見たいという願いを表明すると、仏陀がそれを承諾して、次の場面が続くのです。

即時に無量寿仏大光明を放ちて、普く一切諸仏の世界を照らしたまふ。金剛囲山、須弥山王、大小の諸山、一切の諸有、皆同じく一色なり。

譬へば、劫水の世界に弥満せるに、其の中の万物沈没して現ぜず、滉瀁浩汗として唯大水を見るが如し。

彼の仏の光明も亦復かくの如し。声聞菩薩の一切の光明は皆悉く穏蔽して、唯仏光の明曜顕赫なるを見たてまつる。

その時阿難即ち無量寿仏を見たてまつるに、威徳巍巍として須弥山王の高く一切諸世界の上に出づるが如し。相好光明照曜せざるはなし。この会の四衆、一時に悉く見たてまつる。彼に此の土を見たてまつるも亦復かくの如し〈訳註9〉。

この引用はまったく明々白々、阿弥陀の光がこの世に達することによって、こちらもかなたの人びとに見えるように輝き、この世が完全に浄土に映っていることをよく示しています。これはよく解るのですが、ではいったいどうしてこちら側の私たちは、私たちが見ているように向こう側の人びとが私たちを見ているということを知るようになるのでしょうか。私たちの側のこの知識は、娑婆世界と浄土の間に相互の反映がある場合にだけ可能となります。そしてこの相互反映は、経典に述べられているように、こちらと向こうの間にただ一度だけでなく常に起こっているのでなければなりません。なぜなら、それが「光明」そのものの本質だからです。

この光明観と完全に一致する妙好人の経験に耳を傾けてみましょう。妙好人才市の「ノート」からいくつかを紹介します。

あみだわ（阿弥陀は）
これこれ
ここにをる（居る）
なむ（南無）とあみだ（阿弥陀）が
なむあみだぶつ（南無阿弥陀仏）〈訳註10〉

にょらい（如来さん）二
あなたわたしにみ（身）をまかせ
わたしやあなたにこころとられて
なむあみだぶ〈訳註11〉

たのませて（頼ませて）
たのまれたもを（頼まれ給う）
みだ（弥陀）のよびこえ（喚び声）
なむあみだぶつ〈訳註12〉

みだ（弥陀）たのむ（頼む）こころも
みだのこころなり
なむ（南無）とたのます
みだのこころを〈訳註13〉
なむあみだぶ（南無阿弥陀仏）とみださま（弥陀様）わ（は）
ひとつものでふたつがないよ

なむあみだぶがわたくしで
みださまがをやさま（親様）で
これがひとつのなむあみだぶつ
ごをんうれしや（ご恩うれしや）なむあみだぶつ〈訳註14〉

さいちがごくらく（極楽）どこ仁（どこに）ある
さいちがごくらくここ仁ある
しゃば（娑婆）でごくらく（極楽）さかゐわ（境は）どこか
しゃばでごくらくめ（目）がさかゐ〈訳註15〉

真宗の信仰体験をした人のこのような言辞から解るのは、浄土とこの娑婆世界の間には非常に親密な相互関係があるということです。この妙好人は、阿弥陀を、すなわち弥陀さまを、私の「親さま」と呼びます。これは父母の両方を意味する言葉です。妙好人才市は、この「親さま」が彼と共に彼の内にいるのだと断言します。彼の内にいる「親さま」は彼に呼びかけて彼を「親さま」に向かわせました。すると「親さま」は彼と真向かいになり、喜んでこの信者の心からの礼拝の的となりました。つまり、阿弥陀は自らを二つに分け、その一方を他方に向かわせ、お互いに拝み合うようにしたのです。光によって、阿弥陀は浄土をこの世に映し出し、この世を浄土に映し出します。私たちにさとり経験の起こるとき、この光の相互融合が、両者の間に、この世と浄土の間に、瞬間的に生じます。そして、この光の相互融合は、この世と浄土の間に、阿弥陀と私たちの間に、常時生じているということを、ひとこと付言しておかねばならないでしょう。

この相互的反映はどのようにして可能になるのでしょうか。

これは、阿弥陀の光が両方の世界を照らして、それぞれの世界が他方に映し出されることを可能にし、その結果それぞれの世界が他方に映っている自らのすがたを見ることができるようになるという前提の下でのみ起こり得ます。これは、浄土とこの世はお互いに浸透しあっており、両者の間には隔てる障害が何もないことを意味しています。もしそのような相互の浸透や融合がなかったら、私たちには自分の有限な実存の現状を嘆かせたり浄土へ生れることを願わせたりする、浄土での出来事を心に思い描くことさえできないでしょう。しかし、こういった悲嘆や願慕も、阿弥陀の「光明」が私たちの心に奥深く浸透しない限りは、決して生じないでしょう。浄土真宗の公用語を使うとすれば、「他力」の媒介なしには浄土の意識に到達できないということです。自力は、差別的、相対的、しかも有限であって、いのちを阿弥陀の「光明」からもらっているのでなければ、浄土を見ることも、そこに生れることもできません。他力の「光明」によってのみ、娑婆世界の私たちは自らを超え得るのです。

弁証法的にいうとすれば、浄土と私たちの穢土との絶対的な矛盾は、阿弥陀の無限な「光明」の媒介なしには、止揚（統合）できないのです。もし阿弥陀の光の媒介がなければ、浄土はここにあるとか、この有限な穢土のほかに浄土はないなどとは決して言えないのです。

もう一度真宗の信仰体験という観点から見てみると、あらゆる種の煩悩の重荷を抱え込んでいてかならずや地獄に堕ちる定めの私たちは、そのような自らの罪悪にもかかわらず、自分自身の内に絶えずさとりへ向かってはたらいている「他力」がなければ、決して浄土往生を期することはできないでしょう。事実、いわゆる罪悪が「他力」そのものなのであり、私たちが自分自身の内の「他力」の現在に気付くことができるのは、ただこの罪悪を通してのみです。有限な存在であり、あらゆる意味で限定されているかぎり、私たちは自らの罪悪を免れ得ません。しかしながら、私たちの内に阿弥陀の救済の「光明」があるという事実に目覚めることによって、すべての罪悪は私たちをこの世に縛り付けたり地獄へ堕したりする力を失います。私たちは有限にして無限です。時間のなかにある限り私たちの個々の存在は消滅せざるを得ませんが、他力に気付くことによって私たちは死にかつ生きています。私たちは永遠のいのちを与えられるのです。

親鸞の和讃にはこう書かれています。

超世の悲願聞きしより　　われらは生死の凡夫かは
有漏の穢身はかはらねど　　こころは浄土にあそぶなり〈訳註16〉

キリストがユダヤ人の歴史に現れたように、釈迦牟尼と阿難と釈迦の会衆も二千五百年前にインドに現れたのでしたが、浄土とこの世のこの相互反映が歴史上に生じたのは一度だけだったと考えてはなりません。宗教的意識という観点からすれば、阿難と仏陀自身を含む全会衆は、今晩ここに集まっている私たち自身と別ではありません。私たちの間で誰が阿難で誰が仏陀かを厳密に個別的に名指すことはできません。そんな問いを問うのは無意味です。私たちは実際みんなが阿難であり、仏陀であり、弥勒であり、大迦葉であり、舎利弗であり、この経が霊鷲山で説かれた時に出席していたその他すべての大衆でもあります。大事な点は、阿難の問うた問いは私たちがいつも自らに問うている問いだということです。つまり、私たち一人ひとりの内にいる阿難が、私たち一人ひとりの内にいる仏陀に常時この問いを問うているのです。なぜなら、私たち一人ひとりのうちに、この問いを問う阿難がおり、その問いに答えようとする仏陀がいるからです。

それはさておいて、阿弥陀の「光明」は浄土とこの世を包むばかりでなく地獄をも包み込みます。それは、地獄さえもこの「光明」に包み込まれざるを得ないからです。なぜなら、地獄というのは娑婆世界の強烈な影のようなものです。だからこそ、地獄の閻魔大王のことが、すべての「鬼」（悪魔）やその拷問道具やそこの状況まで含めて、地獄の住人ばかりでなく人間世界にも見えざるを得ないし、閻魔の前の浄玻璃鏡は、娑婆にいる間に犯した人の「罪」のすべてを照らし出す力を持たざるを得ないわけです〈訳註17〉。鏡というのは「光明」にほかなりません。

阿弥陀の光が浄土と娑婆と地獄という三つの世界すべてに徹透することは疑いありません。どれほど異なり矛盾しあっているように見えても、それらはすべて畢竟一つの実在であり、優勢な条件によってさまざまな顕れ方をする同一実在の三側面であります。その一つのものを三つに分けて見るのは、区別する知性を備え常用している私たちです。一つの実在、一つの「光明」を三つの面に分けて、それぞれを他の面に対置させるのは、私たちです。

私たちがしばしばこの世を地獄と浄土を繋ぐ一種の連結点と考え、一方は地獄に向かい他方は浄土に向かう一直線の真ん中に立っていると思うのは、知性による分別、影を伴う光のせいであります。しかしながら、私たちが、阿弥陀の「光明」の中に立つように、正しくその線そのものの上に立つとき、その直線そのものがその「光明」であり、三つがすべてそこに入っています。浄土教徒の教えるように私たちはみんな地獄必定だとしても、それにもかかわらず私たちは浄土への梯子を登ることができます。というよりも、阿弥陀の世界へ一挙に飛躍できるのです。なぜならば、私たちは両端に向かって限りなく伸びている直線のごとき阿弥陀の「光明」の只中にいるからです。無限なるものの只中にあって無限なるものを摑むことができるのは、人間の心の特典です。

そういう意味において、娑婆世界はまったく静寂な「光明」に輝く浄土そのものであり、私たち一人ひとりが阿弥陀自身にほかならないという所説は真実であります。同時に私たちは、このような見解は眼が分別で曇っている人びとには決して生じないことを忘れてはなりません。

阿弥陀の影のない「光明」を見る眼は、私たちみんなが持っている感覚器官の一つとしての目ではありません。大自在天〈訳註18〉の眼のような第三の眼がなければなりません。しかし、読者の皆さんに思い起こしてほしいのは、この眼はこの相対的世界に属してはいないが、私たちがこの世を見るのに使う目と違うものではないということです。それは非常に解りにくいと言われるかもしれません。はい、その通りです。しかし、この変化に必要なのは、眼で見る方向の転換です。同じ眼を外ではなしに内に向けるのです。そうすると、眼に奇跡が起こります。変化に必要なのはただこの方向転換です。私たちが単なる反省でしかない自分自身の光にたよっている限り、この変化は決して起こりません。「横超」と呼ばれる内的経験がなくてはなりません。

「横超」というこの変化によって、三つの有毒な煩悩〈訳註19〉も五つの自己中心的欲望〈訳註20〉も、数多の勝れた功徳に転じます。この点は、この世と浄土の境は眼であるとする才市の考えに関連してすでに指摘しました。エックハルトが神を見る眼も外界を見る眼も同じ眼だと言って、眼に関して同様な発言をしていることに注目すると、面白いかもしれません〈訳註21〉。

この世を浄土から隔てているのは実は眼の幕です。幕が引き上げられると、浄土に娑婆が見え、娑婆に浄土が見えます。

さいち（才市）やどこにねてをるか（寝ておるか）
しゃば（娑婆）の上をど（浄土）にねてをるよ
をこされてまいるみだ（弥陀）の上をど（浄土）に〈訳註22〉

別のところにはこうあります。

しゃば（娑婆）のせかい（世界）わここのこと
ごくらく（極楽）のせかいもここのこと
これわめ（目）のまくきり（幕切り）をゆうこと〈訳註23〉

それは眼の幕であって、さほど重くもなく嵩張ってもいないが、それがそこにある限り、浄土は私たちからは遥か彼方にあってまったく近づけません。

才市によれば、自分が生きている限り、つまりこのような相対と差別の生を生きている限り、自分はこの世つまり娑婆に属する浄土に居るのであって、したがってこの世の特徴である一切の業縁を避けることはできないのです。しかしながら、死ぬときには、つまりこの相対と差別の生から決別するときには、彼はそのような制約のはたらいていない浄土へ入ります。しかし、彼の書き物の全体的傾向から判断して、才市は、実際にどこに生きているか、苦土にいるのか楽土にいるのかは、気にしていないようです。どこにいても幸せで、行く先々で気付くご恩にありがたいと感謝しています。阿弥陀の「光明」は常に才市と共にあり、才市はいつも阿弥陀と共にあり、実際才市は阿弥陀であり、阿弥陀から離れられず、阿弥陀に捕えられています。ですから、どこにいるかは問題ではないのです。

心にいだくこのような内奥の感情の表現に当たって、才市は古い伝統的なやり方を踏襲します。新しい用語を工夫しようとはしません。なぜなら、彼は思想家ではないからです。才市は単なる普通の信者ですが、その信仰経験は徹底したものでした。ですから、自らの学びと思いのすべてを尽してそれを表現せざるを得ないのです。彼は、そのような表現を楽しみつつ、その当時の仕方での下駄の手作りをも楽しんでいます。

才市はしかしながら「眠り」と「目覚め」を区別していて、その「眠り」と「目覚め」は条件に縛られた浄土と絶対的に清浄な浄土に対応しています。「眠っている」ときというのは、私たちのこの世の現実的状態であり、その時私たちは実際に浄土にはいるのですが、それはまだ相対性という条件に縛られた浄土です。しかしながら、「目覚めて」いるときは、どんな目覚めであろうと、私たちは諸々の条件を取り除いた浄土そのものにいるのです。才市が、生死の世界、眠ったり目覚めたりのこの世に生きている限り、彼は他の誰とも同じように二元的に考えざるを得ないのです。

才市がここで生死という代わりに眠りと目覚めと言っているのは意味深長です。眠っているとき彼は浄土の有限面を見ており、目覚めると影のない阿弥陀の「光明」が輝いている浄土の無限面に対面するのです。こうして彼はその娑婆生活を超越します。

眼の幕が下りると、私たちは眠り、眠っていると「光明」の影なき光闡を見られません。私たちの見るものは条件付きで区別があり、そこには光と影の交錯があります。しかし、そのように条件付きで見られている場合でも、それは同じ光です。それは、浄土を照らしている光と別なものではありません。

幕が完全に上がり、もはや眠りから覚め、浄土へ迎えられると、そこには何か次のような情景があるのを見るでしょう。

『大無量寿経』のある箇所に、「光明」の融合という点で意義深い浄土の蓮華が、私たち人間の有限な観察では数え切れない無数の世界のあらゆるところで生じているという描写があります。

衆宝の蓮華、世界に周満せり。一々の宝華に百千万億の葉（はなびら）あり。その華の光明、無量種の色あり。青色には青光、白色には白光、玄黄朱紫の光色もまた然り。暐曄煥爛（いようかんらん）にして日月よりも明曜なり。

一々の華の中より三十六百千億の光を出す。一々の光の中より三十六百千億の仏を出す。身の色紫金にして、相好殊特なり。一々の諸仏また百千の光明を放ち、普く十方の為に、微妙の法説きたまふ。

かくの如きの諸仏、各（おのおの）無量の衆生を仏の正道に安立せしめたまふ〈訳註24〉。

そのような鮮明な光で描かれている蓮華は、私たち衆生の一人ひとりを象徴しています。なぜなら、私たち一人ひとりは、菩薩であり、仏陀となり得る者であるからです。一人ひとりに独自な色合い、つまり必ずしも同一色でなく、自分自身の色があり、それは青紫や黄色や赤、無限に異なる色彩のどれでもよいのです。そして、これら全ての色光は上記のごとく無限に融合しています。そして、この無限な融合は、言葉によってか、音によってか、色によってか、行為によってか、常に何らかの形の表現を要請するさとり経験の本質を説明しています。

四、阿弥陀とその本願

この「光明」を宗教的体験という点から説明するとすれば、私たちを浄土に向かわせるのは、親鸞の思想体系では他力と呼ばれる阿弥陀の本願力です。親鸞はそれを第十八願に基づくものとしています。

設ひ我仏を得んに、十方の衆生、至心に信楽して、我が国に生まれんと欲ふて、乃至十念せん。もし生まれずんば、正覚を取らじ。〈訳註25〉

真宗は、この第十八願がその教義全体の基盤であるとして、もしこの願が阿弥陀の側になかったら、いかなる衆生も浄土に往生してそこでさとりを得ることは望めないと主張します。第十九願と第二十願は、菩提心の発起と道徳的修練に基づく徳行の集積を強調します。浄土へ往生したいという願望がどれほど強く真心からであっても、徳性と知性だけでは浄土往生は決して叶わないでしょう。すなわち、さとり体験を得るという目的の達成は望むべくもないのです。そういう目的達成のためには、それ以上の何か、道徳的価値とか知的才能の範疇を超えた何かが必要です。この何かは、より高い価値の領域から来るのでなければなりません。道徳的知的範疇に属するものには必ずや条件が付いていますが、私たちが願っているのは、それを超えてさとりを開くことです。そのさとりというのは、諸仏の教えの根底であり、私たち相対的存在の根底でもあります。真宗の教えに依れば、阿弥陀仏の本願だけが私たちをその根底に到達させます。第十九願と第二十願は、それぞれ以下のごとくです。

設ひ我仏を得んに、十方の衆生、菩提心を発し、諸の功徳を修し、至心に発願して、我が国に生まれんと欲はん。寿終るの時に臨みて、たとひ大衆と囲繞して、その人の前に現ぜずば、正覚を取らじ。〈訳註26〉

設ひ我仏を得んに、十方の衆生、我が名号を聞き、念を我が国に係けて、諸の徳本を植ゑ、至心に廻向して、我が国に生まれんと欲はんに、果遂せずば、正覚を取らじ。〈訳註27〉

これら第十九願と第二十願には、名号を念ずること、つまり「南無阿弥陀仏」への言及がありません。この名号を念ずるということが、第十八願を第十九願と第二十願から分けるのです。

私たちの普通の理屈では、単に阿弥陀の名を念ずるという行為に、さとりを得る条件のすべてが調っている浄土への往生を可能にするような、不可思議な力が具わっているとは考えられません。現生でか、来生でか、人がさとりを得るためには、ただ単に阿弥陀の名を念ずることに専念するよりも、特に道徳的修練のようなものの方が、はるかに大きな力をもち重要であると考えるのが自然であり、間違いなく第十八願よりも第十九願と第二十願を重要視する方が正しいと感じるに違いありません。

ではいったいどうして真宗は、第十八願を有限性と相対性を超える唯一の方途だと奨励して、信者たちが第十九願と第二十願の価値を見落としがちになるところまでいくのでしょうか。

阿弥陀仏の名を称念することによって救われるという、真宗の救済教義にまつわる基本的概念をここで説明するつもりはありません。これはどこか別のところでやりましょう。ここで申し上げたいのは、たとえ菩提心が発されていても、道徳的修練とか、功徳の集積とか、知力の訓練とか、あるいはそれらの併修とかでは、私たちの意識の基盤には達し得ないということです。(原註29) そして、もしこの意識の基盤を揺り起こしそれに気付くのでなければ、この相対的実存を超越するということはあり得ません。そして、この実存が超越されない限り、いかなるさとり経験もあり得ません。このさとり経験だけが、私たちに最終的な平安のこころをもたらすのです。

では、この意識の基盤とは何でしょうか。

これは、意志であり、私は「自己」ともいう。しかしそれは、心理学的意味の自己ではなくて、私たちには超えられない最も根本的な意味での自己であります。さとりとは、この「自己」が何であるか、この意志が何であるかを知ることです。この知は、しかしながら、私たちが普通に理解している知ではありません。換言すれば、この意志は信であり、信はさとり経験です。

これを理解するためには、道徳的修練は尽しきられねばならないし、知性はその限界に到達しなければなりません。なぜならば、そういう活動には常に、自覚への、「自己」の目覚めへの道を障げる相対的自己の意識があるからです。

こうして私たちが最後に到達する「自己」は、阿弥陀の名号、阿弥陀の光です。どちらの呼び名を使ってもいいでしょう。影のない「光明」は、浄土だけでなく、娑婆も地獄も、すべての世界を照らします。「名号」は、経典でも繰り返し説かれているように、十方のすべての仏土に響き渡ります。名号の不思議な力の例を挙げるために、もう二つの願を引用しましょう。

設ひ我仏を得んに、十方世界の、無量の諸仏、悉く咨嗟して、我が名を称えずば、正覚を取らじ。〈訳註28〉

設ひ我仏を得んに、他方国土の諸菩薩衆、我が名字を聞きて、聞かんと欲する所の法、自然に聞くことを得ん。若ししからずば、正覚を取らじ。〈訳註29〉

阿弥陀は自らのいのちを名号に注ぎ込み、もしその名号が諸仏によって喜んで迎え入れられるのでなければ、そしてまたもしその名号に、それを聞き、称え、念い、保ち、信ずる——そのすべてを「真心を持って信じきって」行ずる——すべての衆生を浄土に往生させるに十分な力がないのであれば、自分は正覚をとらないであろうと宣言します。阿弥陀はその「光明」がなければ阿弥陀でないように、阿弥陀はその名号なしには阿弥陀であり得ません。阿弥陀は「光明」であり、名号であります。「光明」と名号は一つです。「光明」を見るのは名号を聞くのです。「光明」に影がなく波長の測定を超えているように、名号は何者にも付属していません。それはまったく自らによってあり、「自己」であります。

この論文で提示したすべての概念の詳しい説明は、後日別な論題の話に譲るとして、ここではその代わりに次のことを言っておきたいと思います。阿弥陀の名号によって親鸞は、「自己」——自力の自己ではなく私たちの宗教意識の内奥にある自己——の目覚めを暗示します。別の言葉でいうとすれば、親鸞が指し示すのは、あらゆる形の有限性と相対性を超えた私たちの意志力である阿弥陀の願力です。その最高の瞬間は、阿弥陀が信者の魂に自らを開示する瞬間として、信者が自らの自力を諦める瞬間として、あるいは信者が阿弥陀の手に捕えられる瞬間として知られています。

宗教意識の道徳的次元では、「自己」は本来のすがたで現れ得ない。道徳性が思いつくものはまだ相対性の装いをしている。「自己」の無我の実現にはまだほど遠いのです。菩提心の目覚めと同一と見做される内的衝動は、まだ阿弥陀と対峙する相対的経験的自己の次元にあるのです。そこにはまだ一心と呼ばれる意識状態は生じていない。一心というのは、私の魂の内の阿弥陀の自己顕現であり、私たちの存在根拠である「自己」と阿弥陀の自己同一化です。これが起こると、信心発起なるもの、つまり、至心そのものである阿弥陀によって与えられる絶対的至心の現成があります。私たちが相対性と有限性の次元にいる限り、私たちの内に至心というか真実はまったくありませんし、阿弥陀もなければ、一心もなく、仏心そのものである慈悲心の目覚めもありません。人間意識の別な角度から見れば、この信心というのは、仏心とも、仏性とも、信仰とも、さとりとも呼べるでしょう。

五、本願と自己

本願力は客観的に阿弥陀から来るものと真宗信者は考えています。しかし、私たちの本来の宗教意識からいえば、それは生れつき私たちすべての中に内在するものです。相対的な心理学的自己と区別される内奥の「自己」は、本願力がそこにある場所です。そして、私たちの有限な実存の相対性と限界を私たちに理解させ、恐ろしい煩悩に燃える地獄一定の身であると自らの罪を宣告させるのは、この本願力にほかなりません。相対的自己と対峙するこの「自己」は、こんな形で、自らの置かれている状況への不満を表現するのです。あるいは、こんな形で「自己」は自らを相対的意識に知らしめると言ってもいいでしょう。

この相対的意識は、むしろこの相対的経験的自己といった方がよいかもしれないが、この意識は常に悪さをしようとしています。それが何であろうと所有する力を使って専制主のごとくにいつも自己主張しようとしています。この専制主は、自分が実際の権力の所有者であると想像して、自分自身が雇われ人であって自らの光で輝けないという事実をまったく忘れてしまい、自らを欺きます。まったく悪気はないのですが、何かがうまくいっていないと感じるとき、自分自身の努力で状況を改良しようとはからいます。もし彼が自分自身の力で、自分自身の力だけで、目的とするところを達成できると考えることによって、自らを欺いているのでなければ、それはそれで結構です。そういう場合に自分に現れる間違いは、自分の力の限界に関して、どんな力を持っていようとも、その力はすべてより深い源泉から来ているということに気付いていないというところから出てきます。意識の相対的次元に蔓延る不満な状態を本当に心配しているのは、このより深い源泉なのです。

相対性の次元に属する道徳的修練は、私たちが有限な存在である限り、無限に達するには十分でありません。無限が本当に有限の中にあり、その逆も真であるということを体得できるのは、私たちが無限に達したときのみです。しかしながら、このような見識が得られていないのであれば、有限と無限の間には絶対的な断絶があるので、私たちは有限には無限を捉える力がないということを知りえません。この橋渡しが起こるのは、無限の側からだけであって、有限の側からではありません。これは、宗教的主題を扱う場合、考慮すべき大事な一点です。

道徳的修練そのものは、私たちの存在の絶対的基体である「自己」の現成には導かない。なぜならば、道徳は自力にたより、自力にはそれを実現するための自己超越ができないからです。自力は自らを否定しなければならないのですが、それは自分を捨て去り、自らに打ち克ち、自らが無限に到達する手段であるという自己主張を放棄するという意味です。この道徳の側の自己超越の主張の放棄は、決して自らを消し去るということではありません。なぜなら、修練自体は、人間性そのものを完成するというまったく独自な役割があるからです。ただ思い出さねばならないのは、私たちは道徳によっては宗教に達し得ないということです。なぜなら、宗教はより高い次元の意味ないし価値に所属するからです。宗教的意識を目覚めさせ、無限な「光明」と永遠な「いのち」の領域を開き、阿弥陀の「本願力」を受け容れ、「自己」に参入するためには、相対的次元に属する単なる道徳や知性の修練とは異なる別な方法に訴えねばなりません。

阿弥陀の光は、道徳的修練や知性的思考や合理的計算などあらゆる形の自力を含めて、すべてを照らし出します。この「光明」は、したがって私たちの意識で想像できる限りのすべての道から近づけるのでなければなりません。たった一つの方途だけを開いてその他はみな目的を達成できないと決めつけるのは正しくありません。阿弥陀はすべてを包容し、いかなる手段も奨励するでしょう。どれを選択するかは、個々人を取り巻く内的外的さまざまな環境によって決ります。ここでただ一つの最も重要で不可欠なこと、それがなければ阿弥陀の光というか本願力が内面に受領できなくなる大事な一点は、阿弥陀を欣求する人の人格にどんな形をとって現れようとも、その人の自力は、その力量と方策が終りとなるところまで、完全に尽しきられねばならないということです。

知的思索は一種の自力ですし、道徳的修練もそうです。そうである限り、両者は他力の現成を促すことはありません。しかし、他力は、自力より生れる人間的はからいの最果てにあるのだから、自力は完全に無くなるまで厳格に試されねばならない。まず試練に晒すということなしに自身の限界に絶望するというのは、自力の本性にはそぐわない。単なる理屈や説得では間に合わない。極めて攻撃的な思い上がっている力である自力は、極度に力を尽しきって自らの敗北を認めるまでは、自己の無力が信じられないでしょう。だから自力には、自らの無力を認めざるを得なくなる限界までの努力を拒むということがしばしば起こります。なぜならば、自力は自らの卑しさ故に、人間特有の自惚れと根深い迷妄に酔って、とまどい、たじろぎ、踏み外すからです。菩提心の目覚めは、自力が自らを知るようになる始まりに過ぎない。それは、自己理解の初期の段階に過ぎません。人は次から次へと痛烈な挫折を経験しなければなりません。さもなければ、自力は他力の前で完全に裸になっている自分を見ることができません。しかし、実際には、自力が一切の自惚れと自己欺瞞を免れて裸になることができるのは、自らの内に他力が現在しているからです。換言すれば、自力がついにその完全な敗北を認めるようになるのは、私たちの相対的意識の中の本願力のはたらきです。

「自己」ということに関して言えば、私たちが人格の中心のエゴであると思っている相対的、経験的、心理学的自己は、究極的実在ではなく、「自己」の擬似代理人です。しかしながら、心理学的自己はその下に本当の「自己」の何がしかを隠していて、表面的な自己が自らの欺瞞的な偽の本性を認めるに至るのは、この「自己」のはたらきによるのです。

要約すれば、自力の消耗が起こると、自力は、自らが自力に留まる限り無でしかなく、自らに自己消耗を起こさせるのは実は他力にほかならないということを認めます。したがって、他力の経験のために必要なのは、道徳的であれ知的であれ、どんな形であっても、自力を尽しきるということです。

繰り返しますが、道徳的修練それ自体は咎め立てすべきものでないし、知的なはたらきも同様です。なぜでしょう。道徳的修練が自力の慢心や自惚れに深く染まると、それは自分自身の中の本願力の目覚めにとって躓きの石となります。しかしながら、自力の最後の転落を起こすのは、この自惚れと迷妄にほかなりません。知性も同様です。疑いは実に信の反対です。何人も疑いを除くことなしにさとりを得るはずがありません。しかしながら、人をついに信に導くのはこの疑いです。疑いの雲が厚ければ厚いほど、現れる「光明」は明るいのです。人はまず、疑いと自力と、死に物狂いで闘わねばなりません。これが、親鸞に悪人こそが阿弥陀の本願の目的であると断言させた所以であります。

私たちはいつもこの事実を忘れがちで、道徳的訓練は無益であるとか、実在に迫ろうとする知的努力は無駄であると考えてしまいます。そして最悪なのは、私たちがそれ故に道徳と知性を、消極的不必要というよりも、積極的障害物であるかのごとく、宗教的意識の最も遠い片隅に追い遣ってしまうことです。道徳や知性そのものが無用とか無益であるのではなくて、実際には他力であるのに、そこから切り離されてしまうから無用、無益になるのです。

道徳的弛緩への傾向は、真宗信者の間によく見られる現象です。私はこれは彼らの他力の理解が不適切なためであり、おそらくは、主な原因としては、彼らの指導者達の第十九願と第二十願の第十八願に対する関係の解釈が中途半端で不完全なところからくると考えたいと思います。

以上の叙述をもっと解りやすい言葉で言い直すとすれば、こんなところになるでしょう。ぐっすり寝たあと、私は起き上がる。陽光が部屋に差込み、爽やかな風が窓から入り、私は深く呼吸する。夢を見たらしいが、どんな夢だったかは覚えていない。今日の仕事へ向けて準備はできている。人びとに会い、挨拶をし、そして挨拶を返す。みんな楽しそうだし、私も楽しい。もの書きだから、机に坐り、筆をとるか、タイプライターに向かう。考えを纏め、参考書を見る。数時間働くと、疲れを覚える。庭に降りて花の間を歩く。私は花が好きで、庭には花がいっぱいだから。日本ではこの季節朝顔が柔らかな若葉を出し始める。その成長を見るのは面白い。夏に美しい花の咲くのを見たいなら、注意深く世話をしなければならぬ。夏が来て朝一番にするのは、庭廻りをして爽やかな花のいのちを愛でるのである。花々は、浄土の功徳池に咲く蓮の華にも比すべきか。普通自然は口をきかないと思われているが、問題は自然の方ではなくこちら側にある。自然はそれなりに雄弁に語っているのに、それを理解できないのは私たちである。浄土では、すべての樹が、すべての葉が、すべての花が、三宝を歌嘆しているといわれている。こちらの世界でも同じである。スウェーデンボルグの「相応の理」〈訳註30〉は仏教にも通じる。阿弥陀の光はこの娑婆世界を浄土と同じように照らしている。阿弥陀は正覚を得て、阿弥陀の浄土ができた。私たちがさとりを得るとこの娑婆も浄土に変わらねばならぬ。私たちが阿弥陀への絶対的信を確立すると、私たちが阿弥陀の浄土へ行くのではなくて、浄土が阿弥陀とともに私たちのところにやって来る。阿弥陀が浄土と一緒に私たちの心に生れる。この娑婆は浄土となり、私たちは阿弥陀となる。なぜなら、私たちは「他力」の信者ではないのか。こんな思索に耽った後、私は書斎に戻って仕事を続ける。内面の世界ももう一つの自然である。美しい花々は繁茂の雑草と共にここにあり、美しい啼き声の鳥たちは毒蛇と共にここにあり、星に輝く空はおそらく有毒な植物のある泥沼にその影を落としているのである。一切の煩悩は、高く飛ぶ理想や柔らかに撓む心と共にある。

(原　註)（ただし、［　］内は訳者追記）

（1）アミターブハ（*amitābha*）、日本語では阿弥陀。

（2）劫（*kalpa*）、きわめて長い時間のこと。

（3）法身の原語はダルマカーヤ（*dharma-kāya*）で、通常 Law-Body（法の身）と英訳される。最高の実在ないし人格。

（4）「のべたまふ」の主語の 'Buddha' は、釈迦牟尼（Śākyamuni）。

（5）英訳文で「His」というのは、「阿弥陀の」を意味する。

（6）三悪趣は、地獄・餓鬼・畜生の三悪道のこと。

（7）応供は、梵語ではアルハット（*arhat*）、仏陀の称号のひとつで、供養に値する人を意味する。

（8）智慧（*prajñā*）は、超越的知であり、一切の知の源泉。

（9）三乗とは、①菩薩（*bodhisattva*）、さとりを求める人、②縁覚（*pratyekabuddha*）、独りさとる人、③声聞（*śrāvaka*）、教えを聞いてさとる人。

（10）往生は、文字通り「往って生れる」こと、つまり確かに浄土に生れること。

（11）「昔々の話、今を去ること無量劫、まったく数えることも、測ることも、考えることもできないほどの大昔、法蔵菩薩（阿弥陀がまだ菩薩であったところの名）が世自在王という如来の指導のもとで仏法を学び実践し、この仏陀ばかりでなく、すべての天人、悪霊、梵天、神々等々の居並ぶ前で、もし四十八の条件が満たされなければ、最高のさとりを開くことはないと誓い、慈悲（*karuṇā*）と智慧（*prajñā*）からなる菩薩の生に属する一切の功徳を完成させた」［鈴木大拙］

（12）「阿弥陀が一切衆生に対して抱く意志というか慈悲の表現である本願は、四十八通りに特化され、項目化され、列挙され、その一つひとつが私たちの個々の生活の置かれている現実的状況に対応している。本願は、人間の言葉で表現された阿弥陀自身のこころである」［鈴木大拙］

（13）［この引用文に関する編集者註は、その出展を『観無量寿経』としているが、それは間違いであり、この文章の原典は康僧鎧訳『大無量寿経』「嘆仏偈」の冒頭部分。『真宗聖教全書』第一巻六頁］。

（14）サンスクリットのサハーロカダーツ（*sahālokadhātu*）の省略形で、日本語では娑婆。鈴木大拙のこの言葉の翻訳の仕方は、「この苦しみの世界」「個別の世界」「有限にして制約だらけのこの相対的世界」「この辛抱と忍耐の世界」などさまざまであった。

（15）［これに関して、鈴木大拙の著書には］「有限であるということは汚濁に塗れていることを意味する」、「有限性ないし相対性の痕跡は、汚濁とか、業とか、罪を意味する」、「私たちがこのような存在である限り、私たちは汚れた行為を続けざるを得ないし、それ故に悪道に堕ちる機会を増やし続ける。これから逃れることはできず、別な路はない。相対性の自力が私たちの存在を構成している」［などの表現が見られる］。

（16）「仏教徒は、当然のことながら、天国よりも地獄により大きな関心がある。死後私たちは普通死者の霊を支配する閻魔のところに行く。閻魔は自分の前に明るい鏡を持っている。私たちが閻魔の前に行くと、自分がその鏡に映っているのを見る。鏡は私たちの全存在を照らし出し、何も隠すことはできない。閻魔はそれを見て直ちに、私たち一人ひとりがこの世に生きていたときどんな人間であったかを知る。その上閻魔の前には私たちの行動のすべてを細かに記載した記録がある。閻魔の鋭い眼は意識だけでなく私たちの無意識までも読み取るのである。彼は勿論立法的であるが、やさしい心がないわけではない。なぜなら、罪人を救える何かがその人の無意識の行動にないかと、それを見つけ出そうとする心が、いつも閻魔には備わっているからである」。

（17）親鸞（一一七三～一二六二）は、浄土真宗の開祖。「真宗は浄土思想の精華であり、それは日本に興った。親鸞は庶民の欲求に関して甚深の理解をもっていた」［鈴木大拙］

（18）『高僧和讃』「インド、中国、日本の真宗七高僧への讃歌」より。［『真宗聖教全書』第二巻、五〇五～五〇六頁］。

（19）「真宗信者の中に一般的に妙好人と呼ばれる類の人びとがいる。妙好人というのは、〈素晴らしく幸せな善い人びと〉という意味である。彼らの一般的特徴は、やさしい心、超俗性、信心深さ、そして最後に無知なところ、つまり彼らは自分の宗教について学問をしておらず、何を信ずるかについての議論にまったく関心を示さないのである。この最後の特質はおそらく他の真宗信者とは大きく異なる。彼らこそ実に本当の真宗信者である。彼らは議論せず、知的証明に関わらず、ただ内面的な体験を実践し続けるだけである。いやしくも自己表現する際には、彼らは純真そのもの、彼らの言葉は心の奥底から直接に飛び出して来て、彼らの信仰の真実を直指する。これこそは実に浄土真宗がその信者に与え得ると断言する一点である」[鈴木大拙]

(20) 「仏教において罪というのは無明(無知)のこと、つまり、個人の意味や自己の究極的運命に関する無知を意味する。積極的にいうならば、罪は身口意の三業において最終的な実体(*svabhāva*)としての自己を主張することである。これら二つの障害—無明と自己主張—を超えれば、その人に罪はないといわれる。仏教において、罪深いというのは、一旦解き放つと自他の破滅を起こしかねない、たくさんの邪悪な衝動や欲望や性癖を私たちが持っているという意味ではない。この考えはもっと深いもので、人間の存在そのものに根ざしている。なぜなら、個人的人格が最終的事実であるかのように想像し行動するのが罪だからである。私たちがこのようなものである限り、私たちに罪から逃れる道はないのであって、これが私たちのあらゆる精神的苦難の根底にある。真宗信者達が、普通は道徳的に善であると思われるものであっても、すべてのわざは、自力の努力である限り、汚染されており、私たちを業の繫縛から解き放つことはないという時に、彼らの言いたいのはこれである」[鈴木大拙]

(21) 倶胝(kotis)は、非常に大きな数であり、一千万とか一億などさまざまに訳されている。

(22) 「〈南無阿弥陀仏〉は、サンスクリットの原句〈*namoamitābhabuddhāya*〉の日本語読みで、無限な光の仏の礼讃を意味している。しかしながら、浄土教の信者にとっては、この句は単に阿弥陀仏ないし阿弥陀を讃仰する以上の意味がある。なぜなら、彼らはこの句によって、極楽浄土への往生を可能にする阿弥陀への絶対的信仰を表明するのであるから。この句には、主体と客体、信者と阿弥陀、〈罪を担う〉個人と一切を救う慈悲溢れる阿弥陀、機と法、人間的渇望と至高のさとり、そのような二者の一体性を象徴する形而上学的定型句として役立つことがしばしばある」［鈴木大拙］

(23) 「〈一念〉は真宗ないし浄土宗の哲学において非常に重要な言葉である。そのサンスクリットの原語は、〈一瞬〉とか〈一刹那〉を意味する。英語で〈思いのごとく早く〉とか〈閃光のごとく速く〉というように、〈一念〉というのは、時間としては可能な限り最短の継続時間、つまり一瞬である。信心決定の一瞬は、阿弥陀の永遠のいのちが生死の流れを横ざまに切断する瞬間、言い換えるならば、阿弥陀の無限な光が私たちの相対的意識の暗い愛憎の連続を照射する瞬間である。この出来事は、〈一念〉のうちに起こり、一度限りの事であり、それ故に〈最後の瞬間〉と呼ばれる。この〈一念〉の瞬間は、私たちの人生において最も深い意味を持つ瞬間であり、それ故私たちの〈人生の平常時〉に訪れるのでなければならず、相対的な意味での〈最後の瞬間〉を待つのではない」［鈴木大拙］

(24) 本論文の以下の論述を参照のこと。

(25) 「凡夫は、さとっていない者のことで、仏陀とは正反対の位置に立つ」［鈴木大拙］

(26) 原註(15)を参照のこと。［ここにいう煩悩（kleśa）は、英語ではしばしば defilements（汚濁）とも訳される。原註(15)中の汚濁は煩悩の意である］。

(27) 「これは、さとり（*anuttara-samyak-sambodhi*）の別名である。このさとりというのは、仏陀の尼蓮禅河の側の菩提樹下での成道以来、仏陀とそのインドの弟子達が使ってきた言葉である」「さとりとは、般若の智慧（超越的ないし直覚的知）と慈悲（愛）を完成した完全な人格を意味する」［鈴木大拙］

(28)「涅槃はその本質においてさとりと異ならず、内実は一つである。さとりはまだ生存中に達成した涅槃であり、また涅槃はさとりを得ずしては不可能である。さとりには、さとりを通して得られる心理状態である涅槃よりは、知的な要素が大きいかもしれない。概して涅槃は心身ともに一切の完全な消滅として否定的に理解されるけれども、現実の人生においてそのような否定論的概念は広がり得ないのであって、仏陀には涅槃をそのように解釈する意図はなかった」［鈴木大拙］

(29)これは、たとえ目覚めても菩提心はしばしば自力の特徴を持ち続けることを意味しているようである。禅には「さとりの臭いのするさとりは本当のさとりでない」という格言がある。「私たちの意識の基盤」というのは、「自己」のことであるが、気付かれるべき基底としては、私たちから離れてある。

〈訳者註〉

〈1〉この（編者まえがき）は、鈴木大拙没後の一九七一年、この論文が *The Eastern Buddhist* に掲載された時、編集者によって書かれたものである。

〈2〉鈴木大拙の妻、Beatrice Lane Suzuki（1878-1939）。

〈3〉『真宗聖教全書』第二巻、四八六～四八七頁。親鸞のこれら十三首の和讃は、曇鸞の『讃阿弥陀仏偈』に基づき、憬興の『無量寿経連義述文賛』を参照して作成されたものである。

〈4〉このunlessという接続詞で導かれている文章中にnotという否定の副詞が入っているが、それでは著者の意図とは反対の意味になってしまう。Notがどうして入ってきたか解らないが、本来はなかったものとして翻訳した。

〈5〉『真宗聖教全書』第一巻、八頁。

〈6〉『真宗聖教全書』第一巻、八頁。

〈7〉ハワイの妙好人、佐々木千代乃の歌。一行目の「おちよおちよとゆわれて」というのは、しがみつく手を離してありのままに帰れとの催促。

〈8〉『真宗聖教全書』第一巻、八頁。

〈9〉『真宗聖教全書』第一巻、四二頁。

〈10〉楠恭編『定本妙好人才市の歌一』（法藏館、一九七七年）、一七二頁。

〈11〉楠恭編『定本妙好人才市の歌一』一五九頁。

〈12〉楠恭編『定本妙好人才市の歌二』九六頁。

〈13〉楠恭編『定本妙好人才市の歌二』九八頁。

〈14〉楠恭編『定本妙好人才市の歌一』五七頁。

〈15〉鈴木大拙編著『妙好人浅原才市集』（春秋社、一九六七年）、二九頁。

〈16〉柏原祐義編『真宗聖典』（法藏館、一九三五年）、二六三頁。

〈17〉この節の中に出てくるcould not be made visibleとcould not have the powerという二句において、could notの後にbutの一語を補って翻訳した。さもなければ、正反対の意味になってしまい、これらの文章はまったく意味を成さない。何らかの事情で but が落ちたとしか考えられない。

〈18〉サンスクリットでは Maheśvara、世界の主宰神であり、特にシヴァ神を指していう。シヴァ神は色界の諸天の中で最高位の色究竟天に住する。仏教では大日如来の応現とも言う。

〈19〉貪欲・瞋恚・愚癡の三大煩悩、三毒とも、三惑ともいう。

〈20〉五つの感覚器官（眼、耳、鼻、舌、身）の対象となる色、声、香、味、触への感覚的欲望。

〈21〉この部分については、レイモンド・ブラックニの英訳、*Meister Eckhart – A Modern Translation* – by Raymond B. Blakney, Harper & Row Publishers, New York, 1941, p. 206、またはヨゼフ・クヴィントの現代ドイツ語への翻訳、*Meister Eckhart - Deutsche Predigten und Trakate* - Herausgeben und ubersetzt von Josef Quint, Carl Hanser Verlag, Munchen, 1963, p. 216 を見よ。

〈22〉楠恭編『定本妙好人才市の歌一』二三七頁。

〈23〉楠恭編『定本妙好人才市の歌二』八七頁。

〈24〉『真宗聖教全書』第一巻、二二三頁。

〈25〉『真宗聖教全書』第一巻、九頁。願文の中から「唯除五逆誹謗正法」の一句は除いて引用している。

〈26〉『真宗聖教全書』第一巻、九～一〇頁。

〈27〉『真宗聖教全書』第一巻、一〇頁。

〈28〉『真宗聖教全書』第一巻、九頁。

〈29〉『真宗聖教全書』第一巻、一三頁。

〈30〉スエーデンの神秘家エマヌエル・スエーデンボルグ（一六八八〜一七七二）の「相応の理」は天界とこの世の相応関係に関する重要な理論。スエーデンボルグの『天界と地獄』（鈴木大拙訳）より解説文を以下に引用する。

「今時の人は相応の何たるかを知らず。此無知の原因に種種あれども、その重なるものは「我」と世間に執着して、自ら天界よりと遠ざかれるに由る。何事をもさしおきて「我」と世間とを愛するものは、只外的感覚を喜ばし、自家の所欲を遂げしむる所の世間的事物にのみ留意して、嘗てその外を顧みず、即ち内的感覚を楽しませ、心霊を喜ばしむる所の霊的事物に至りては、彼等の関心せざる所なり、彼等が之を斥くる口実に曰く、霊的事物は高きに過ぎて思想の対境となる能はず、と。されど古の人は之に反して、相応に関する知識を以て一切知識中の最も重要なるものとなし、之によりて亦智慧と証覚とを獲たり、而して教会中のものは之に由りて天界と交通の途を開きたり。蓋し相応の理を知得するは天人の知識を獲る也。天的人間なりし太古の人民は相応の利そのものに基づきて思索せること、猶ほ天人のごとくなりき。是をもて彼等は、天人と相語るを得、主をも屢々見るを得て、その教へを受けたりしに、今時にいたりては此知識全く絶えて、相応の何たるを知るもの絶えてあらず」。（『鈴木大拙全集』〈岩波書店〉第二十三巻、二〇一頁）

「相応の何たるかを知らずしては、霊界につきて明白なる知識を得ず。此く無知なるものは又霊界より自然界にする内流の何たるかを知る能はず、又霊魂と称する人間の心霊、その身体に及ぼす活動、及び死後における人の情態に関して毫も明白なる思想を有する能はず。故に今、何かを相応と云ひ、如何なるものを相応となすかを説き示す必要あり。是によりて後来述べんとする

所のために端緒を開き得べし」。〈『鈴木大拙全集』〈岩波書店〉第二十三巻、二〇一〜二〇二頁〉

名号

一、阿弥陀仏が自分の名を広めようとした意味

真宗の教義を学び始めたとき、何よりも私を悩ませたのは、阿弥陀は、その「名」〈訳註1〉が世界中にひろまって、それがすべての仏によってすすんで受け容れられ宣布されることを望んだという点でした。そして、もう一つ私を悩ませたのは、さまざまな不思議をもたらすように見える阿弥陀の「名」の力ということでした。私の疑問は、どうして阿弥陀はその「名」の流布を望んだのか？　阿弥陀が浄土を作ったとしたら、それで十分なのではないか？　諸々の仏やその他の者にその「名」を知らしめる必要性というのは何だったのか？　そして次には、ある一つの「名」にどうして不思議なことを実現させる力があるのだろうか？　というようなことでした。阿弥陀は、未開人の間で働く魔術師のようなものになろうとしているのではありません。

私は、このような疑問を通して、普通人間界の出来事において、名前というものにいったいどんな意義があるのかを探求してみることにしました。まず最初に、書くことを考え出すに先立って、名前を呼ぶときに出てくる音というものを考えてみましょう。

光の世界は不思議に満ちていて、形と色の不思議を現出します。視覚の欠けている人びとは、まことに私たちの深い同情の対象であります。光の世界に次いで、音の世界は音楽と調和の世界です。音楽家がよくするように、星のきらめく天界を音に置き変えると、それが解る人びとは宇宙的な規模の大交響曲を聞きます〈訳註2〉。仏たちが現れると、そこにはガンダルヴァ（乾闥婆）という天の楽人がいて〈訳註3〉、天界の楽器を奏でています。浄土には音楽が満ち溢れ、鳥が鳴き、池がさざめき、湧き起こるそよ風が囁いていて、そのすべてが仏陀を讃嘆しているのです。音は、感情を伝えるばかりでなく、知の伝達者でもあります。概念の形成は私たち人間の特典ですが、その概念は音に依らねば、人から人に伝えられません。言語と論法は手に手を携えて進みます。もし私たちに言語を編み出す能力がなかったら、現代の世界は出来ていなかったでしょう。言語とは、理路整然と明確に表現される音の集合体です。動物は音を出しますが、それを理路整然と思想として表現する術を知りません。動物は感情を表現しますが、明確な表示を必要とする知性を持ちません。それ故動物は知性の奥義に入ったことはありません。

言語は、自分の周りに見聞するものに名前を与えることから始まります。これは、個別化を意味し、そこから知性が始まります。ものに名前を付けることが私たちを複雑な理屈の世界へ導き入れるのです。そのために未開人たちは、名前に超自然的な力があると考えるようになりました。

私たちはみんなロミオとジュリエットの話を知っていますが、シェイクスピアはジュリエットに次のように言わせています。

名前に何があるというの。薔薇と呼んでいる花は、
他の名で呼ばれても、芳しい香りがするでしょう……
ロミオよ、あなたの名をお棄てになって。〈訳註4〉

この場合、その名前は（両家の）歴史に関連していて、その名の重要性は歴史に基づいています。しかし、未開文明の人びとにとっては、ただ名付けるというその事実が大切で、名を呼ぶことが効果を生んだのです。後に著述の術が発明されると、今度は名前を書くことが重要になりました。

ある個人に名前を付けるということは、その人の個性をあらゆる意味で認めることを意味します。ある意味で、名付けるというのは創造的行為です。ヘレン・ケラーは、彼女の先生の超人的な努力にもかかわらず、ものに名前があるということを理解しませんでした、というより理解できませんでした。ある日彼女がポンプで井戸から水を汲み揚げていると、突然水が噴出してきて、その出来事に非常に驚きました。そして初めて、ものには名前があるということが解り始めました。それ以来彼女は新しい世界に足を踏み入れることになり、その後の知性の発達に迅速な進歩があったのだと思われます。名付けるという行為は、人間の意識が進化の過程で経験した、本当にすばらしい飛躍でした。

名前を称えることがとても神秘的な意味を持つようになったのは、おそらくは太古エジプト人たちの間に起こったことでした。なぜならば、名を誦することによって、大事な霊的振動が再生され、それが命そのものの歌であると考えられたからです。

「この喚び声が魔力を生み出す。エジプトの聖句や儀式や魔術はすべて本来、このように理解され

た名が大事な魂を形成しておるのであり、それがその生き物全体の最奥の神秘であるという事実に基づいている。なぜなら、名前こそがその魂の生きる理由そのものだからである。名はそれ故に自己（エゴ）である。それは自らに由っている。それは相異なる個々の魂の最奥の神秘である」。（『宗教と倫理の百科事典』の「名」の項目より）〈訳註5〉

誦する声に、したがって、名というものの力に、非常に大きな重要性を見出したエジプト人たちは、もし名前がものの命の実質であるとすれば、創造が起こったのは名前によってであるという結論に達しました。誦する言葉から出てくるエネルギーの振動、共鳴しあう朗々たる音波が、物質を引き付け、命を吹き込み、さまざまな形や体が造られたというのです。

名の意義や力はインド人たちの間ではよく知られており、これを私たちはみんな、インド的精神で作られた仏教経典などから学んでいます。真言や陀羅尼や呪文やいろいろな変化身の名の使用は、インドの宗教すべてで行われています。

以上のような観察から、なぜ阿弥陀が、その名（名号）をできるだけ広く、すべての仏の世界に普く知らしめたいと思ったのか、読み取ることができます。阿弥陀の名号と原始的民族の間で神秘的なものと見做された名の間の唯一の、そして重要な違いは、後者の場合、名前の秘密を知るのは、それをしばしば敵対的反目的目的に使用するためであり、それ故に彼らはどんな状況にあっても誰にも漏らさない秘密の名前を持ってもいました。したがって、名前というのは、極めて私的なものでした。しかしながら、阿弥陀は一切衆生をその惨状から救おうというのです。ですから、阿弥陀の名号は、まことに数え切れないほど多くの世界の最果ての片隅に、一人でも救われていない人がいるのであれば、どんなところであろうとも、聞こえるのでなければならない。阿弥陀に秘密の名はあり得ないし、その上阿弥陀は、平等な救済というか、さとりというか、自分自身の目的を達成するために、その名にあらゆる善と功徳と効力を詰め込んだのです。自分の名号をすべての仏に称揚させるというのは、名号が、自分自身の願力の象徴であるばかりでなく、すべての仏の仏たる所以を象徴するものでもあるということを意味します。仏の仏たる所以は、カルナー、慈悲です。限りない光と永遠の命をもつ阿弥陀は、それ故に、慈悲であり、慈悲によって新しい世界、浄土を創るのです。

二、阿弥陀仏の名を聞いて無生法忍をさとる

これに加えて、名号に関しては宗教心理学的考察が必要です。第四十七願はこうなっています。

設ひ我仏を得んに、他方仏土の諸菩薩衆、我が名字を聞きて、即ち第一、第二、第三法忍に至ることを得ず、諸仏の法において、即ち不退転を得ること能はずは、正覚を取らじ。〈訳註6〉

いうまでもなく、このような誓言は、現代人が論理的やり方と称するものの範疇に入れることはできません。私たちにできることというか、私たちがしなければならないのは、ただひとつ、阿弥陀が建てた一連の誓願全体に底流する精神に従ってこの願を解釈し、このような願が私たちの宗教的意識にどのような意義を持ち得るかを検討するということだけです。

ここで「他方仏土」というのは、すべての住人がすでに不退転〈訳註7〉の信に住していると、つまりすべての住人が完全なさとりを楽しんでいると、前提されている阿弥陀仏の浄土以外の国土を意味します。すると、「他方仏国」は当然この国、私たち衆生が住んでいるこの娑婆世界を含むことになります。「菩薩衆」というのは、声聞や縁覚とは対照的な大乗教の信徒を意味するに相違ありません。声聞や縁覚には、彼らに独自な仏教理解があって、大乗の基準には組み込めません。この経典を受け容れ、その教えに従い、阿弥陀の宣言した四十八願の信に目覚めた現代の私たちが、この願にいうところの「菩薩衆」です。

そうなると、私たちが阿弥陀の誓願の対象であることは明らかであり、阿弥陀の名号を聞くことができる時、私たちはその名号の不可思議なはたらきを受け取ります。しかしながら、私たちは、この聞くという行為は、通常の意味では解釈できないことを理解しなくてはなりません。名号を聞くということは、相対と差別の次元よりも高い次元で起こらねばなりません。それは、聞くことが見ることであり、見ることが聞くことであるような次元でなくてはなりません。阿弥陀の光明は影のない光であり、その名号は音のない音、名号を聞くということには、聞かないということもなければなりません。名号が、とても数え切れない百千倶胝〈訳註8〉といわれる数の仏国土のすべての仏たちによって、普く讃嘆される対象であるというのは、こういう意味においてであります。別な言い方をするなら、阿弥陀の名号は、この宇宙の全域において、有情も無情も、あらゆる存在が、現時点で讃嘆しているのです。しかしそれが聞けるのは、聞く耳を持っている者たちだけです。もし聞く耳を持たないとすれば、それは釈迦牟尼仏が霊鷲山で『華厳経』の教えを説いたとき、その場にいた人たちのごとくです。つまり、彼らはまったく聾唖の人びとのごとく、音は彼らにまったく届かないのです。

私たち衆生が称えるその名号に、阿弥陀がどれほど不思議な力を期待していたかは、その誓願のいくつかを見れば解ります。この点を例証するために、さらに第三十四願を引用します。

設ひ我仏を得んに、十方無量不可思議の諸仏世界の衆生の類、我が名字を聞きて、菩薩の無生法忍、諸の深総持を得ずば、正覚を取らじ。〈訳註9〉

それ故に、その名号が普く知られることを阿弥陀がどれほど重要だと考えたかは、四十八願のすべてを列挙した後で詠んだとされる偈文から推量できます。その偈文の冒頭の部分を引用します。

我超世の願を建つ、必ず無上道に至らん。
この願満足せずば、誓ひて正覚を成ぜじ。
我無量劫において、大施主と為りて、
普く諸の貧窮を済はずは、誓ひて正覚を成ぜじ。
我仏道を成ずるに至りて、名声十方に超えん。
究竟して聞ゆる所なくば、誓ひて正覚を成ぜじ。〈訳註10〉

今ここで、私たちの宗教意識に迫る新しい道を切り開く、名号の心理学に目を向けて見ましょう。真宗では、信仰が中心であるのに対し、浄土宗では、「念仏（仏を思うこと）」ないし「称名（名号を称えること）」が、浄土へ至る道であると説明されています。浄土宗は、それ故、繰り返し名号を称えることを強調します。その行が長く続けば続くほど、浄土へ入るのが確実になるのです。これは、心が名号に集中すればするほどより速やかな一体化が保証されるし、この一体化の状態が成熟してくると阿弥陀への信が実現され、そして、こうして信が確立されると、浄土往生は絶対確実になるということを意味します。不退転の境地に入るというのは、そういうことなのです。

これに対し、真宗は信に主要な力点を置いて、念仏の機械的反復の側面を無視します。真宗の信者たちは念仏のために念仏を繰り返しはしない。念仏を反復しているように見えても、真宗信者はそれを浄土へ導いてくれる阿弥陀仏の大恩を思い、その無辺の慈悲に対する感謝であると考えています。往生に関していえば、彼らは信心によってすでにそれを保証されています。信は一念（*ekakṣana*）もしくは一心（*ekacitta*）の行為です。〈訳註11〉一度、心をこめて、まことの限りを尽して、南無阿弥陀仏と称えれば、全てが成就し、信心が確立され、往生は絶対的に確実な事となり、私たちは、この世にある私たち人間の危機的状況の最終的解決に関して、あるいは、あらゆる面で制限があり地獄一定だといわれる私たちの相対的存在の意味に関して、これまで抱いてきた一切の疑念が一掃されたと感じるのです。

阿弥陀の名号を私たちが聞くという観点から考えてみたとき、聞く耳を持つことの重要性を私は強調しました。いまや私たちはさらに前進した立場にあって、一心に専ら名号を称えてたちまち信心が確立するというのはどういうことであるかを見ようとしています。真宗の教えに依れば、自力の限界で一度念仏を称えれば、信心は確立します。「一念」とか「一心」と呼ばれる一途なまこと（至心）〈訳註12〉が私たちの心に目覚めるとき、私たちの自力はその限界に来るのです。

まこと（至心）とは阿弥陀の贈物、目覚めも、信心も、贈物、すべては阿弥陀から来ています。私たちが名号を称えるや否や、現れるのは実に阿弥陀そのものです。私たちに残るのは唯一つ、一切は阿弥陀のお蔭であるという意識であり、私たちに浄土往生を確信させるのはその意識です。

ここで皆さんに思い出していただきたいのは、私たちの浄土往生というのは、計り知れないほど遠く離れている西方の遠国に行くことを意味しているのではないということです。私たちの往生というのは、私たちが人間存在の新しい意義を体得することを意味します。それは、私たちの平凡な日常生活に起こる新しい価値の黎明を意味します。それは、いかなる形であれ、自らの仕事の遂行に対する新しい熱意の取得を意味します。それは、内的経験であれ、外的経験であれ、私たちの経験に関して、新しい解釈方法を取り入れることを意味します。最後になりますが、それは、これまで夢にも見なかった新鮮なエネルギーを噴出する私たちの新たな源泉の発掘を意味します。

三、名号の力学

名号を聞く、名号を称える、という問題に戻るとすれば、聞くことは称えることであり、称えることは聞くことです。私たちは、名号を聞きながら、それを称えます。私たちは、名号を称えるのは私たちだと思うかもしれませんが、実のところ、称えるというのは聞いているという事実の確認です。

それは一種の共鳴です。浄土の阿弥陀がその名号を称えると、すべての仏たちが名号を称揚し、名号は全世界に響きわたり、心の奥の阿弥陀がそれを聞いて、復称することによってそれに応えるのです。真宗の学者は、これを称して、「啐啄同時」〈訳註13〉（母鳥が卵をつつくのと雛が内からそれに応えるのは同時である）といいます。キリスト教徒は、この点を似た形で、「叩けよ、さらば開かれん」〈訳註14〉と表現します。叩くのはこちら側で開くのはそちら側で、それが同時に起こります。どちらが先かは解りません。

私たちはこれを信仰の力学、もしくは名号の力学と呼ぶことができます。

キリスト教徒の「叩く」は、浄土教でいえば、念仏を称える行為に当たると考えていいでしょう。一度叩くだけでは十分な効果はなく、それだけでは扉が内から開くのを見られないとしましょう。その叩く行為は最後の一打となるまで何度も繰り返されねばならなりません。なぜなら、扉を開かせるのは最後の一打だからです。そして、その叩く行為は、叩く人がその行為を、その努力を、意識している限り、応答を期して叩いていると知っている限り、その叩く行為が自力的意図を伴っている限り、つまり自分が達成すべき目的を持って叩いているのだという認識を伴っている限り、決して最後の一打とはならないでしょう。扉を開くだろう最後の一打には、目的論的意識は一かけらも残っていないに違いありません。叩く人はその行為をいわばまったく意識しておらず、主体と客体、叩く者と叩かれる物、我と汝、罪人と神といった二分化はあってはなりません。矛盾する二者が本来同一〈訳註15〉であるということになるこの自己消去の状態が起こると、扉は開かれ、新たな実在の眺望が現れるといえます。これを宗教経験の心理学と呼んでもいいでしょう。

これは念仏に関しても同じです。浄土教の人が念仏を対象として意識している限り、決して浄土には往けないでしょう。その人の念仏は、もはや念仏と呼べないほどその対象としての概念から自由にならねばなりません。なぜなら、そこには念仏を称え続けるものも、念仏が捧げられるものもいないからです。一遍上人が次の三十一文字を彼の師に献呈したとき、師は彼の信仰の体得を認可しませんでした。

　　となふれば仏もわれもなかりけり
　　　南無阿弥陀仏の声ばかりして

一遍は自室に戻り、しばしそれについて熟慮の後、再び師の前に参じて次の和歌を呈示しました。

　　となふれば仏もわれもなかりけり
　　　南無阿弥陀仏なむあみだ仏

これで師の認可が得られました〈訳註16〉。

阿弥陀の名号が聞こえてくるのは、この一心の境地が達成されたときのみです。名号を聞きたいと思っている者がそこにいる限り、名号がその人の耳に達することはないでしょう。その人は耳無しでそれを聞かねばなりません。自らの耳を失わねばなりません。なぜなら、耳を失うということが、阿弥陀の声が聞こえてくるということを意味するからです。これは、念仏が念仏でなくなる、念仏の最終段階です。

四、阿弥陀仏の心と完全に一体化する信者の心

一方で、真宗信者は、称名念仏の最後の段階を強調します。浄土宗は、最終段階に至るまでの過程に、より大きな関心を寄せる傾向があります。それでは、機械的になりがちで、念仏の心的な要因が傍らに押し遣られるかもしれません。真宗は、信者に最も必要なこととして、まこと（至心）を挙げてきました。まことは、「一念」もしくは「一心」であり、それによって、相対と差別の次元から絶対的な信の次元への、不退転なる信の境地への飛躍が、為し遂げられるのです。この境地は、この世のものではなく、浄土に属しています。この此方から彼方への移行が、親鸞聖人のいう「横超」です。浄土宗は、明らかに念仏によって、単調な機械的音声のざわめきにも似た、飽くことなき称念の繰り返しによって、まこと（至心）を引き出そうと試みます。阿弥陀の名号の単調な反復、すなわち念仏もしくは「称名」は、称える側としては一種の集中法であり、それによって専ら一つのことに心を傾け続けるのです。その集中力が極限に達すると、通常の相対的、経験的意識を超えて、新しい意識の領域が開けてきます。

ここでいう集中の絶対的極限を真宗の人びとはまこと（至心）といいます。まこと（至心）は一般的には道徳の領域に属するものと理解されていますが、真宗の人びとはそれを宗教的意識の経験と見ます。なぜなら、まこと（至心）は、意識の相対的経験的次元においては妥当する倫理的概念だけでは説明できないからです。

親鸞聖人によれば、まこと（至心）とは、阿弥陀と阿弥陀の名号を称える人の間に起こる一体化の状態です。まこと（至心）とは、浄土の阿弥陀が信者の心の阿弥陀と完全に一体化する意識状態です。

親鸞によれば、この世のものである私たちの心には一かけらのまこと（至心）もありません。私たちにあるのは、虚偽と汚濁の塊だけです。なぜなら、私たちはみんな相対性と差別をもって生れてきているからです。阿弥陀のまたの名であるまこと（至心）は、もし私たちがたまたまそれに近いものを何かもてるとしたら、それは阿弥陀の贈物です。それが私たちに戴けるのは、まったく自力の跡を残さない一心の境地に成った時だけです。

まこと（至心）とは中国語では「誠」であり、先ほど申しましたように、一群の倫理的範疇に属するものと見做すことができます。実のところ、儒者たちはこの概念を大事にしましたし、それは正しかったといえます。しかしながら、まこと（至心）がそのように理解されてしまうと、それはまだ相対的意識の次元から出ていないように私には思えるのです。なぜなら、そこには必ずまこと（至心）に辿り着いてそれを体現しようと懸命に奮闘している人がいるのですが、その奮闘そのものがまこと（至心）の実体であり、そのほかにまこと（至心）と言われるものはないということを理解できないでいるからです。カントの定言命法〈訳註17〉には、なにかまこと（至心）に当たるものがあると考えられるかもしれないが、しかしながら人が何か一定の行動を強いられていうように感じる限り、その人は絶対的に自由とはいえません。「当為」の感情には、二元性が含まれています。真宗のまこと（至心）の概念には、絶対的一体性の意味が顕著です。なぜなら、人がまこと（至心）を得たことを確信するのは、阿弥陀がその人を生け捕りにする場においてだからです。そのような人は、「当為」と「存在」、「命令」と「自由行動」を区別しません。そのような二分を超えています。阿弥陀はその人の内にはたらいており、その人は阿弥陀の内にいて、阿弥陀が自らの名を呼んでいるのです。まこと（至心）とそのものでありつつ、阿弥陀はありのまま（真如）、如来さん、タターガタ、真実を語る人です。まこと（至心）とは自己同一性のことであり、自分自身であること以上の真実はない。「鋤を鋤と呼ぶ」のでは、的を外れています。〈訳註18〉ただ鋤を取り出して、自ら語らせなさい！ 人に鋤を取り上げさせ、大地を掘り起こさせなさい！ そういう形で、鋤は自らのまことを全うします。それが鋤のまこと（至心）です。それは道徳を超越しており、定言命法などまったく知りません。

それ故に、浄土の住人は、「同一の様式で形は異ならず」と描かれており、さらには「顔かたちは静かに輝き厳かで、この世のいかなる描写も及ばず、姿かたちは極めて優雅であって、天人でもなく人間でもなく、身体はありのまま（真如）の自然体、形相を持たず本来無制限である」と叙述されています。〈訳註19〉これの原文の中国語は極めて難解にして曖昧、いかなる他国語にも翻訳しがたいものです。私の解釈は正しくないかもしれないが、使われている用語にはいろいろな了解の可能性があるので、誰かの解釈だけが正しいとはいえないと思います。それぞれの註釈家が他の人たちと同様に自分の解釈が正しいと主張できるでしょう。私はそう見ています。

五、私たちと共にある阿弥陀仏

それはともあれ、浄土はこの世と無関係な別の世界ではないし、阿弥陀も私たち衆生と無縁な超越的存在ではありません。私たちの相対的で有限な存在の限界を照らす限り無い光でありつつ、阿弥陀はなおも私たちと共にあり、私たちを認識し、私たちの精神的幸せに深い関心を寄せています。私たちの世界が私たちの創造であるように、浄土は阿弥陀の創造です。別のところで申しましたように、阿弥陀の光明はこの世を貫通し、私たちはそれに包まれています。私たちの世は浄土を反映しており、そういう意味で私たちは阿弥陀の管轄下にあって浄土の住人です。自分たちはほかならぬこの相対的世界の住人であり、まこともなければ、一心もなく、影のない光もないと思うかもしれないが、しかし阿弥陀の光明が十方の全世界に及んでいる限り、私たちはいつの日かこの疑いない事実に目覚め、まこと（至心）の光明が自分自身の内に現在することに気付くことになるかもしれません。そうなれば、私たちの相対的存在は、その元来の本質、ありのまま（真如）の境地に戻り、醜悪さや粗雑さやその他すべての歪みを特徴とするこの物質界から解放されるでしょう。これが、浄土に見られる「同一類」とか「黄金一色」の意味であります。

　実は浄土そのものに常住者はいません。この世の住人が浄土に入るのはほんの一刹那（一念、*ekakṣaṇa*）だけ、光明を見るようになって阿弥陀への信仰がきっぱりと確立するその瞬間だけです。

なぜなら、私たちの浄土往生というのは、これ以外のことを意味しないし、意味し得ないからです。死後永遠に絶対清浄の国土に住み続けるというのは、無意味です。浄土に住むということは、この世に住み続け、日常の仕事を営み続け、そうすることによってこの世の社会の全体的福祉を促進し続けるということを意味するのでなければなりません。浄土への往生は、この世への還帰行です。浄土に生れるということは、この世をよりよく知ること、すなわち、新しい価値を授かって新しい光の下でこの世を見るということです。浄土が何十億マイルも離れた西方にあると想うのは、私たち人間の相対的尺度で測ろうとしているのです。その本当の意味は、浄土は高い思想次元にあって「横超（横さまに超える）」〈訳註20〉によってのみ到達できるということを示しているのです。阿弥陀の国土は、この娑婆世界と連続的ではありません。なぜなら、もしそんなことであれば、それは存在しないも同然で、人間の関心の対象とはなり得ないからです。

要するに、名号は、私たちの相対的で有限な自己本位的生活から愚癡と高慢の帳を取り外して、私たち皆を本来のありのままの姿で赤裸々に立たせるのです。そこで私たちは、経典に依れば浄土での私たちの相である、まこと（至心）、一心、無限性を取り戻します。ここでは皆色も形も一つ、絶妙な美しさです。しかし、忘れてならないのは、私たちは、ここではもはや、人間的な測定と知の世界である、相対性と物質性の次元にはいないということです。

阿弥陀は、まだ時間も空間も因果律もない超越的世界の人格的象徴です。体のあるところには、どこでも土があります。体と土は分離できません。ですから、阿弥陀はその影なき光を相対の世に投げかけます。そういう意味において、この世は浄土で、阿弥陀の光明を映しています。「横超」を遂げない限り地獄の暗い影にいると思うのですが、名号を聞き、名号を称えるとき、人間的には不可能と思われていたものが顕現します。断絶は架橋され、「白道」〈訳註21〉を渡って、和讃にあるがごとく「有漏の穢身はかはらねど、こころは浄土にあそぶなり」〈訳註22〉となります。

〈訳者註〉

〈1〉鈴木大拙の英文では、阿弥陀仏の名を意味するときは、Name と先頭の N が大文字表記になっている。これは従来名号と訳すのが一般的であるが、浄土教に親しみのない読者のことも考えて、冒頭部分ではしばらく「名」と表記する。

〈2〉紀元前六世紀のギリシャの哲学者ピタゴラスは、「中心の火」である太陽を回る七つの惑星の運行が人間の耳には聞こえない音を発しており、「天球の調和」という宇宙的な規模の一つの大きなハーモニーを奏でていると考えた。

〈3〉ガンダルバのサンスクリットは *gandharva*、漢文には乾闥婆と音訳され、インド神話上の天界に住む妖精の名。仏教においては、天龍八部衆の一つで、緊那羅と共に音楽をこととする。

〈4〉シェイクスピアの戯曲『ロミオとジュリエット』の中のジュリエットのロミオへの呼びかけ。鈴木大拙は、名ということに関係して、本書所収「英訳『教行信証』への序」においても、この言葉に言及している。

〈5〉James Hastings 編十二巻本百科事典 *Encyclopaedia of Religion and Ethics*。

〈6〉『真宗聖教全書』第一巻、一三頁。

〈7〉「不退転」と和訳した言葉は、英語では not-returning-back、英文原稿ではそのサンスクリット原語 *avaivartika* が示されている。真宗では、信心を得た人が浄土に往生することを確信する位とされる。鈴木大拙は、後には non-retrogression という訳語も用いている。

〈8〉倶胝のサンスクリット原語は大きな数の単位 koṭi であり、十万とも一千万とも、億とも万億ともいわれる。

〈9〉『真宗聖教全書』第一巻、一一～一二頁。

〈10〉『真宗聖教全書』第一巻、一三～一四頁。

〈11〉英文原稿では、一念にはサンスクリットの *eka-kṣaṇa* が、一心にはサンスクリットの *eka-citta* が当てられている。

〈12〉英語の sincerity という言葉を、ここでは「まこと」と訳して、「至心」と傍註を付けた。この文脈でいう sincerity は浄土真宗では真実信のまことであり、この究極的なまことは真宗の伝承では「至心」と呼ばれてきたからである。

〈13〉「啐啄同時」という言葉は、雛が孵化する時に至ると、雛が内からつつくのと親鳥が外から叩くのが同時の意で、もともとは『碧巌録』に見られる禅語。「真宗の学者は、これを称して、『啐啄同時』といいます」というのは、この禅語を借りてという意であろうか。

〈14〉『新約聖書』「マタイによる福音書」第7章7節、「ルカによる福音書」第11章9節。

〈15〉英文中の self-identity という言葉をここでは「本来同一」と訳出したが、鈴木大拙がこの文脈で使ったこの self-identity（自己同一）という言葉は、彼の親友であった哲学者西田幾多郎の「絶対矛盾の自己同一」という有名な言葉を思い起こさせるものである。

〈16〉『一遍上人語録』より。一遍上人（一二三九～一二八九）が法燈国師に参禅した時の両者問答の記録。大橋俊雄校注『一遍上人語録』（岩波文庫）六五～六六頁。

〈17〉カントの定言命法（categorical imperative）は、条件的な仮言命法の行動規範を超えて、無条件的に人倫の普遍的法に従って行動すべしと、純粋な行動を要請する絶対的命法。カントの *Grundlegung zur Metaphysik der Sitten* で提言され、*Kritik der Prakitschen Vernunft* で理論的完成を見た。純粋な行動の勧めではあるが、そこに ought とか sollen（すべし）の意識がある限り、鈴木大拙いわく「人が何か一定の行動を強いられていうように感じる限り、その人は絶対的に自由とはいえません。『当為 ought』の感情には、二元性が含まれています」と。至心には、二元を超えた自由の現成が見られる。

〈18〉To call a spade a spade（鋤を鋤と呼ぶ）というのは、「あからさまに言う」とか「真実を言う」とかを意味する成句である。鋤を鋤と呼ぶことによって鋤の真実が現れるのではなく、大地を掘り起こす実動によってこそ鋤は本当に鋤になるのであり、それが鋤のまことであるという。

〈19〉『大無量寿経』中の言葉、「咸同一類、形無異状」「顔貌端正、超世希有。容色微妙、非天非人、皆受自然虚無之身、無極之体」。『真宗聖教全書』第一巻、二一頁。

〈20〉親鸞『愚禿鈔』中の教相判釈に現れる用語で、「横超」の「横」は「竪」に対し、「超」は「出」に対する。真実信心の目覚めは、他力による（横）一瞬の飛躍（超）であることをいう。

〈21〉善導の『観経四帖疏』「散善義」の中の「二河譬」に出てくる「白道」。『真宗聖教全書』第一巻、五三九～四〇一頁。

〈22〉　この和讃全文は「超世の彼岸ききしより　われらは生死の凡夫かは　有漏の穢身はかはらねど　こころは浄土にあそぶなり」。柏原祐義編『真宗聖典』（法藏館）二六三頁。

Ⅲ

妙好人才市の研究

一、才市の宗教詩と内省的自己批判〈訳註1〉

「驚くほど善良な人〈訳註2〉」とでも英訳すべきか、「妙好人」という名で呼ばれる人びとの一人であった才市〈訳註3〉は、真宗他力信心の教えを徹底的に体得した人として、極めて魅力的な研究対象です。

才市は下駄作りにいそしみながら、創造力豊かなその心に浮んでくる日々の心境を書き綴ったたくさんの資料を残しました。彼は無学で仮名文字しか書けませんでした〈訳註4〉が、見事な方法を編み出して、まったく自由に充分に自己を表現することができました。彼の日記帳〈訳註5〉は非常に魅力的かつ啓発的なものであり、それによって一仏教信者の体験に大きな光が当てられることになったのは、まさに彼が無学であり素朴な心の持ち主であったからにほかなりません。もし才市が浄土真宗の開祖親鸞のように学問があって論究に長けていたら、その時代には小学生用のものであった六十冊以上のノートブックいっぱいに書き込んだたくさんの自由詩、あのような素晴らしい文献を私たちのために遺すことはできなかったでしょう。

才市の詩は、予想されるように、決して洗練されてはいません。地元の説教師や京都の本山から来る布教師の法話を数多く聞いたに違いないのに、彼のノートブックには不思議にも学術的用語の痕跡さえ見当たりません。説教師たちはいつものごとく真宗の教えを説くために学術的専門用語を使ったに違いありません。なぜなら、真宗教義には通常そのような専門用語が溢れているし、関係学校の先生たちも、聴講者の知的能力は気にもかけないで、勝手にそういう術語を使っていることが多いからです。才市にとって、説教師の話はすべてまったく意味を成さず、チンプンカンプンだったでしょうが、近隣の法座にはすべて喜んで出席していたといわれています。才市はそういったたくさんの学問的術語や表現を吸収していたに違いありません。しかし、才市にとってそれはみな本質的には以下のようなことを意味していました。

（1）才市には、それがどこであろうと、浄土への往生が保障されているということ。
（2）これを実現するのは、才市ではなく、阿弥陀であり、他力であるということ。
（3）南無阿弥陀仏は、究極的実在、絶対者、神、阿弥陀そのもの、「親さま」であり、また最終的には、「罪」というか「煩悩」というか、あらゆる種の人間的欲望の具現者である「この才市」以外のなにものでもないということ。

才市は、この素晴らしい事実を、ありとあらゆる機会に、繰り返し巻き返し、倦むことなく、思い出させていただきたいと思いました。だから才市は、歩いて行ける範囲の法座には、すべて喜んで参加したのです。

もし才市に親鸞のごとく学問があったら、自分の意識の片隅に侵入する慢心を、たとえそれがほんの一かけらであっても、才市もまた親鸞と同じように、必ずや悲嘆していただろうと思います。親鸞はある和讃〈訳註6〉の中で、善悪についてあまり知らない人、つまり、その心が文字の知識や微妙な論法や複雑な語義学に染まっていない人、そういう人のまことと純真さに対して羨望をもって言及しています。しかしながら、その広い学識と深い智慧の故に、親鸞は人びとの教師だと主張しようとする誘惑を覚えたのですが、これは慢心と虚栄の途に導くものだと親鸞は考えました。事実、親鸞はかなり人目を引くような告白をしています。

　是非しらず邪正もわかぬ　このみなり
　小慈小悲もなけれども　名利に人師をこのむなり〈訳註7〉

才市は、学者とか思想家からは程遠い存在だったので、この手の慢心とはまったく無関係でした。それでも、彼の日記に見て取れるように、日常生活の些細なことでは、特にたぶん何やかやと彼を悩ませた妻との関係では、いらいらせざるを得ませんでした。妻は一種の「鬼」であったし、妻にいらつく才市自身も「鬼」でした。そして、これが彼の自責の因(もと)でした。そういうわけで、才市はよく自己侮蔑的な叫びを爆発させたことでした。「わたしやあさまし」とか「はづかしやはづかしや」とか「あさましやこのさいちくらめ(暗め)のどろ(泥)で」〈訳註8〉とかです。

才市に次のような「鬼」の歌があります。

　うちねにや(うちの家には)　をにが(鬼)二ひき(二匹)をる

つの（角）でつくやら　けん（剣）でつくやら
あさまし　あさまし　あさまし〈訳註9〉

仏教において、「仏」とか「菩薩」とかいう善人に対して、その反対側の大悪人は「鬼」と呼ばれます。それで才市は妻を、そして特に自分自身を、内に悪しか感じられないときの自分を、「鬼」になぞらえています。「鬼」の絵には一般的に額に二本の角が描かれています。才市の初期の歌にもう一つ「鬼」の出てくるのがあります。

こころもじゃけん　みもじゃけん
つの（角）をはやすが　これがわたくし
あさまし　あさまし　あさまし　あさましや
なむあみだぶつ　なむあみだぶつ〈訳註10〉

何度断られても才市の肖像画を描かせて欲しいと粘り強く所望した画家〈訳註11〉に対して、才市がその額に二本の角を付けることを主張して譲らなかったのは、こうした理由からでした。肖像画は異様なすがたでした。顔全体の表情は優しさに満ち自足し切っているのに、本来は恐ろしい人食い鬼のものである二本の角が、その額から突き出ていました。

妻に対して時折感じていたかもしれない険悪な感情を、才市はその晩年には明らかに超えていました。なぜなら、才市の日記帳に、今ではこう書かれているからです。

かか（嬶）よい
をまい（お前）も　ぜんじしき（善知識さん）三
なむあみだぶつ　なむあみだぶつ　なむあみだぶつ〈訳註12〉

才市は何度も何度も「うきよのぼせ（浮世逆上せ）〈訳註13〉」とか「をそのかわ（嘘の皮）〈訳註14〉」とか「あさましのこのさいち（才市）あとさきしらずのあけめくら（明きめくら）〈訳註15〉ひとにもわらわれる（笑われる）ばかもの（馬鹿者）とわこのさいち〈訳註16〉」というような言葉で自分を責めます。このような自己批判はすべて、非常に感受性豊かな魂の現れです。才市の場合は、こころの急所に触れるこうしたことが、大多数の普通の人びとにとっては、自己批判へ近付く縁になることもなく、見逃されてしまうのかもしれません。才市はまったく違っていました。彼の霊性的感受性は、こころをよぎるどんな些細なことにも鋭敏に反応しました。「親様」の摂取不捨の慈悲から自分を遠ざけるようなものは何もないと内面に充分に自覚してはいるけれども、単なる道徳観より遥かに深いところに存在するあることに関して、才市のこころは顚倒せざるを得ないということだったのです。これは、何故才市が徹底的に、ほとんど病的なまでに、自己批判的であるように見えるのか、その理由を説明します。

気兼ねすることもなくその自由詩に書き込まれたこのような自己批判的言々句々を観れば、才市という人はまことに惨めな人生を送ったにちがいないと思われるかもしれません。木片を削って下駄の形に仕上げながら、才市は本当に自分の状態に絶望しきっていたのでしょうか。大概はなまくらで切れ味の悪い通常の道徳観念からすれば、こころに大きな重荷を抱えている才市は、日々の生業を続けてはいけなかっただろうと、私たちは自然にそんな想像をするでしょう。才市は実際の狂気と紙一重の極めて悲惨な精神病になってもおかしくない状態でした。しかし、実際はその正反対でした。手にすることのできるすべての記録からして、才市は、極めて明朗にして、愛すべき実直な人でした。才市は、熱心に、勤勉に、入念に働きました。才市の外に現れた行動には、日記に記しているような彼の内面的苦闘を示すようなものは何もありませんでした。そうだとすると、彼の内面的生活をその外面的なものと正反対にしている分裂はいったい何なのでしょうか。才市に偽善はなかったし、人前でポーズを取る術も知らず、自分を実際以上に見せようという野心もありませんでした。才市は、いつでも、どこでも、ただありのままの才市でした。

才市のノートブックに記入された詩のほとんどは、折々起こる烈しい自己告発にもかかわらず、内面的には幸せであったことを確証します。才市の日記帳にそのような歓喜に満ちた肯定的な感情と言葉がより多く記入されているということは、才市の意識が大概はより高い霊性的次元を動いていて、ただ時折世俗的攪乱の次元に陥っていたのだということを示しています。そうなると、才市は南無阿弥陀仏の背景とまったく対照的に自分自身を真っ黒なものとして映し出さざるを得なかったのです。

才市の内なる意識内に動いて、今まで見てきたような矛盾した感情を描写させたその当体は、いったい何だったのでしょうか。

二、「罪」意識の起源〈訳註17〉

この問いは、言い換えれば、道徳と霊性を区別するものは何かということです。これが解れば、何がそれほど才市を自己譴責的にし、また何がそれほど才市に「親様」との共存を歓喜させたのか、その理由が解ることになります。仏教、特に浄土教においては、その区別は「罪」〈訳註18〉の意識に係っています。

「罪」は、普通の用語としては、反則者が責任を負う「犯罪」を意味します。仏教において、この言葉は遥かに深い意味をもっています。なぜなら仏教では、特に浄土教では、すべての人間は、まさにあるがままに、「罪」を抱えているとされるからです。しかしながら、もし論理的に語るのであれば、人間は、この相対性の世界に現にあるがままでしかあり得ないのだから、自分自身であることに対して、自らの存在の中に入ってくる一切に対して、責任があるとは考えられません。ちょうど動物や植物や石に責任がないように、人には責任がありません。そうだとすると、人は自らの行為―すなわち人間―ならざるものたらざるを得ないことになります。そのような論理的帰結にもかかわらず、人間意識の秘奥には、どんな場合でも道徳的責任は問えないというのに、「罪」の感覚があります。

純粋に論理的な思考方法では、何かしら説明しがたい不安を感じざるを得ません。それ故に、私たちの霊性的生活の枠組みの中で「罪」意識の起源をどこに求めたらよいのかという疑問が出てきてもよいでしょう。

　哲学的に言えば、これは大きな矛盾、私たち人間存在の深淵に埋め込まれた矛盾、私たち人間の悟性にとっては宇宙の成り立ちに具わっていると見えるエニグマ（存在の謎）〈訳註19〉であります。人生においてどの道を行こうとも、必ずやこの醜悪にして威嚇的な怪物に会わざるを得ません。当面の経済的ないし政治的必要に迫られているためにこの挑戦に応じられない人びともあるでしょうが、真面目な性格のために平静にはしておれず、その精神的能力に応じて答えを出そうと苦闘しているに違いない人びともいます。哲学的には、謎や矛盾として私たちの眼前に現れるこの問題は、私たちに論理的飛躍や統合的肯定を希求させます。しかしながら、宗教心のある人びとにとって、この問題は、情緒的、感情的なものとなります。仏教徒にとっては、いかにして生死の繋縛から解脱するか、いかにしてさとりを得るか、いかにして浄土に往生するかという問題になります。「浄土」の「浄」というのは「絶対」を意味し、単なる身体的、道徳的穢れからの離脱ではありません。

　さて、「罪」の意識（明らかにキリスト教の罪 sin の概念に対応するものである）がいかに才市を圧倒したかを見てみましょう。

（1）このさいちわ（才市は）　びんぼにんで（貧乏人）　なんにもありません

じりき（自力）もとられて　うたがい（疑い）もとられて
あるものわつみ（罪）　つみをとられちゃ　なりません
ざんぎ（慚愧）くわんぎ（歓喜）の　よろこびのたね（種）
なむあみだぶつ　なむあみだぶつ〈訳註20〉

（2）さいちよい　へ
われが（お前の）ぞきよさうしゆう（雑行雑修）うたがいじりき（疑い自力）のこころを
とうてやうたがの（取ってやった）（原註1）
われがつみも（お前の罪）　とうてやる（取ってやる）
いいや　によらい（如来さん）三　つみわ（罪は）とうて（取って）やりなさんな
これをとられちゃ　わしがよろこぶたねが　ないよになります
これわ（これは）　をいて（置いて）やんなさい〈訳註21〉

（3）ほをかい（法界海）がいほど　をけな（大きな）ものわない
このさいちがつみ（才市の罪）ほど　をけな（大きな）ものわない
ありがたい　ありがたい
このさいちがつみが　ほをかい正ぶつ（法界諸仏）のなかにとられて

また　ほをかい正ぶつ（法界諸仏）も　このさいちがつみも　なむあみだぶつのうちにとられて
こんなさいちわ（才市は）　なんたふのゑゑ（何と符のよい）ものかいの
このよろこびわ　なむあみだぶつ
なむあみだぶつ　なむあみだぶつ　なむあみだぶつ
なむあみだぶつ　なむあみだぶつ　なむあみだぶつ
　なむあみだぶつ　なむあみだぶつ　なむあみだぶつ
なむわざんぎで（南無は慚愧で）あみだわくわんぎ（阿弥陀は歓喜）
これがさいちとあみだのことよ
これがろくじ（六字）のなむあみだぶつ
なむあみだぶつ　なむあみだぶつ　なむあみだぶつ
なむあみだぶつ　なむあみだぶつ　なむあみだぶつ
なむあみだぶつ　なむあみだぶつ　なむあみだぶつ〈訳註22〉

「罪」の意識に関しては、仏教体験とキリスト教体験の間に、驚くべき合致があるのです。エックハルトは、その「講話」〈訳註23〉の一つにおいて、罪（sin）の用途と効用に言及しながら、二種類の人について、つまり、悪を行う衝動が、ほとんどないか、まったくない人と、もう一種は、しばしば強い誘惑を感じる人について語っています。エックハルトは、前者は後者ほど賞賛に値しないと考えます。

後者は、誘惑あるが故に懸命に戦い、その苦闘から完全な徳が生れるのです。この場合、報償も大きく、その質は高く、遥かに大きな幸福を感じることができます。エックハルトは、聖パウロの「徳は弱いところで完全になる〈訳註24〉」という言葉を引用しています。

エックハルトは、「罪への衝動が罪なのではなくて、罪への同意が、怒りへの譲歩が、罪なのである。確かに、義にかなった人は、たとえそれを望み得るとしても、罪への衝動を除きたいとは思わないだろう。なぜなら、もし罪への衝動がなければ、その義にかなった人も、これまでしたことすべてに確信がなくなり、何をすべきかに疑いが生じ、そして苦闘と勝利から来る栄誉と報償を得られなくなるだろうからである〈訳註25〉」と続けます。「罪への衝動」から別れたくないというのは、まさしく才市の「罪」を取り上げないで欲しいという願いに対応しています。エックハルトのいう「外なる自己」というのがどんな意味であれ、それはいとも簡単に怒りや慢心や官能等へと振り回されるものなのかもしれないが、内なる「より善き本性」、つまり「より高い自己」は、微動だにしません〈訳註26〉。外に現れる「罪」は、しっかり根を下ろした木には害を与えることのないそよ風のようなものです。それでもなお、そよ風は現実であり、感受性の強い魂はそれを感じ取ります。才市はそれを感じざるを得ない。しかし、だからこそ、才市は阿弥陀の慈愛を一層多く享受し、阿弥陀の無償にしてまったく惜しみなく与える喜捨の証(あかし)を頂戴しているのです。

三、才市の罪の概念

さて、「罪」の問題に戻りましょう。先行する二段で引用した才市の言葉の中に、特に取り上げて考察してみたいところが三点あります。

（1）自力の意識と浄土往生への疑いが阿弥陀によって掃蕩された後も、なお才市に残っているこの「罪」というのは何か。

（2）才市がこの世のわが身から離れない最後の残滓である「罪」を、阿弥陀に取り除いてもらいたくないのは何故か。

（3）才市がその「罪」は宇宙の極限を超えるほど大きいと思うのは何によってか。

まず才市の次の歌を考察してみましょう。

わたしや、く（苦）なし、なんのく（何の苦）もない、なむあみだぶつ。
それでも〈訳註27〉　こんな　さいち三（才市さん）、をまい（お前は）や、
く（苦）がなんぼでも　くよくよ　を京がの（起きようがの）。

ありや、くちう（苦というもの）もんじやない。

ありや、ぼんのちゆ（煩悩という）もんだ。

ぼんのわ（煩悩は）、なんぼをきても（起きても）よろし。

いま、わしがく（苦）なしとゆうことわ、を上のく（往生の苦）をとうてもろたで（取って貰ったで）、
わたしや、く（苦）なし、
なんのく（苦）もない、なむあみだぶつと　ゆうてよろこんだのよ。

そのゆゑわ（その故は）、ごぶん正さま（御文章さま）〈訳註28〉にもゆうてある。

なむあみだぶつ、なむあみだぶと　もをす（申す）ばかりよ〈訳註29〉

ここで才市は「苦」と「煩悩」（*klesa*）を分けています。「苦」が浄土往生に関係しているのに対し、「煩悩」はこの世のことにかかわるものです。彼の真剣な関心はもちろん自分の存在の根底を揺るがす苦と疑いを取り除くことにあります。「浄土往生」ということが何を意味しようと、それはこの世の生の意味と密接に関係しています。浄土往生が保障されていないと、あらゆる種の苦が、とても耐えられないほど悲痛な苦が、その人の魂そのものを攻撃します。これが、かねてより思ってくれていた阿弥陀の腕の中についに身を投じるまでに二十年以上はかかった、いや三十年もの長きを要したかもしれぬ、才市の経験でした。苦はすべて消え去り、才市の仕事場は今や極楽浄土の〝小庭〟〈訳註30〉です。しかし、この「小庭」は阿弥陀の浄土そのものではあり

ません。浄土と「小庭」は、一であって、しかも一でない。「小庭」には浄土とは違うそれ自体の特徴があります。それは相対的世界です。それは、知的分別と道徳的責任の次元にあります。それは、私たちが日常生活を営むところであり、空間的、時間的、因果律的に制約されています。煩悩の横行する場所です。才市が他のすべての人びと同様に、このような条件下にある限り、才市も他の皆と同じように「煩悩」の餌食とならざるをえません。

「煩悩」はこの世のものです。眼光透徹してこの世を超えて行くのでなければ、「煩悩」は人を一層強く苦しめることになり、その影響力を行使して不法なことにまでも及ぶかもしれません。しかし、才市のいう「小庭」が眼前に開けて、この世の反対側を示すというか、その真実にして純粋な姿を見せるや否や、「煩悩」はその不当な行使力のすべてを失うのです。「煩悩」は現存します。なぜなら、私たちは、個々人が違う条件下にあるこの世では、「煩悩」なしには生きていけないからです。「煩悩」はその必要条件として現存しますが、それはもう「根のない」植物のようなものです。その幹と枝と葉は、まだ新鮮で盛んなように見えますが、存在との生きた接触を失ってしまっています。真宗的に言えば、浄土往生の障害ではなくなってしまっています。それ故に、才市は「煩悩」の活動を、表面的な活動を、見ても気にしないのです。それは、彼が「苦」と呼ぶものからは峻別されねばなりません。

このような解釈の下での「煩悩」は、「罪」に当たると見なしてもよいでしょう。現在する他力との接触を妨げる二つの大きな障害、「自力」と「疑い」が一掃された後でも、「煩悩」はまだ才市に残っています。才市はこれら二つの障害をすべて取り除いてもらって、あらゆる苦から解き放たれ、阿弥陀と手を取り合いながら歩みます。時には、自分が阿弥陀そのものであるかのように、この艱難の世にありながら同時に浄土にいるように感じます。

「煩悩」は集合名詞であり、個々に数えあげれば、八万四千項目の多きにのぼります。人の意識の小さな裂け目のすべてに入り込んでいて、実に意識そのものを構成しているのです。「煩悩」は、こういう相対的な条件付の存在です。この存在がある限り、「煩悩」はあります。ですから、人間存在、人間の意識、そして「煩悩」、これら三者は同義語です。煩悩は、私たちが生きている限り、取り除くことはできません。

「煩悩」は、あらゆる本能の基盤であり、その本能というのは、さまざまな形で潜んでいるけれども、ありとあらゆる行動において自己主張をします。本能は私たちが完全に無意識なときでもはたらいています。「煩悩」は、フロイトやその他の心理学者が使っている意味より深い意味でのリビドー[訳註31]です。「煩悩」には形而上学的含蓄があります。「煩悩」は「罪」の実体です。私たちの経験する宇宙全体が、「煩悩」、宇宙的リビドー、すなわち「罪」の所産です。これが私たちと共にあり、私たちの実存を構成しています。

しかしながら、今や才市の内には他力がはたらいており、彼の疑いは消え、その存在は自力の餌食ではありません。才市は実に「阿弥陀一人[訳註32]」でありますが、阿弥陀と同一ではありません。才市はこの否定できない事実を知っています。才市という人は「親さま」の慈愛に感謝しています。感謝はここでは分離を意味しており、その分離の意識は「根無し」のすがたの自力です。なるほど「根無し」ではあるが、どんなすがたでも自力が私たちのところにある限り、私たちの存在はその程度には条件に縛られています。この条件付きであるということが罪であります。この「罪」を自分から取り上げないようにと、才市は阿弥陀に頼みます。何故ならば、それなしには、阿弥陀とその大慈悲心を知ることはできないからです。「罪」が浄土教信者の意識に残る自力の残滓であることは疑いない。自力は他力と対立する。他力は一切に浸透し一切を包摂するが、私たちの心から自力の黒点を消し去ることはできない。もしそれを消去すれば、心そのものが消去され、それにつれて他力も消去されてしまう。これは、「罪」ないし「煩悩」、もしくは人間的状況の矛盾であります。

そうであれば、才市がその「罪」の拭い去られることを望まないのはいうまでもありません。たとえ阿弥陀さま自身が才市に「それを除いてあげよう」と言われても、才市はそうして貰うのをためらいます。なぜなら、「罪」は喜びの種、幸せの種、そして卑謙の種でもあるからです。才市は幸せでありたいと思います——決してわがままな意味ではなく。幸せと喜びは、阿弥陀さまからの贈り物です。しかし、幸せだけということはありません。この幸せは真反対の片われである悲しみを伴っています。あるいは、悲しみがあるからこそ幸せがあると言った方がよいかもしれません。この二つは分かちがたく結び付いており、この分かちがたさが「娑婆界」の人生であります。

才市の存在の内にある、それどころか私たちすべての内にある、この二元性というか矛盾は、キリスト教徒の言うキリストにおける神性と人性の二元に当たります。キリストの人性というのは「罪」

に相当するものであって、姦通した女を連れて来た律法学者たちやパリサイ人たちのグループに対してキリストが「あなた方の中で罪のないものがまずこの女に石を投げるがよい〈訳註33〉」と言い、そして後でその女に「お帰りなさい。今後はもう罪を犯さないように〈訳註34〉」と言うことができたのは、この「罪」があったからであります。キリスト教徒は、イエスのこのような人間性にもかかわらず、キリストには罪がないと言ってきました。キリストの無罪性というのが厳密に何を意味するのかは解りにくいのですが、イエスが罪の観念を持っていなかったとは言えません。罪の観念を持っていなかったら、人間の苦難、人間の辛苦、人間の切望に対して、ほとんど同情をもてなかったはずです。イエスのイチジクの木への毒舌〈訳註35〉、彼が神殿から両替人を追放したこと〈訳註36〉、サドカイ人やパリサイ人を「マムシの子らよ」と呼んだことなど〈訳註37〉、そのような彼の行動は、彼が極めて人間的で、本当に人間的激情に動かされやすかったことを示しています。もしイエスがこのような激情を経験できていなかったら、神聖であると共に人間的であることはできなかったでしょう。知的見方からすれば、これらの言葉は矛盾であり、論理的解決を拒むかもしれません。しかし、私たちが忘れてならないのは、人生は知性以上のものであるということ、才市もイエス・キリストもこの矛盾を生きたということです。

このように「罪」を地上に生きる私たち人間存在の必須条件と見るならば、才市がその「罪」を根こそぎにされるのを拒んだ理由が解ります。「罪」を消すというのは、私たち人間の意識を消し去って、人間を動植物の存在レベルまで引き下げるということです。しかし、「罪」が私たちにあるというのは、大事にして育むべき最高の価値をもつ何かとしてではありません。「罪」が私たちにあるのは、阿弥陀の現前ないし出現のために一種の背景としてはたらいてくれるだろうから、そのように意識すべき何かとしてであります。それ故、「罪」は、阿弥陀が自らを映す鏡であり、阿弥陀の創作品であり、衆生に自らを意識させるための阿弥陀の方便であります。才市はこの状況を表現するのに、罪と別れたくないと言っています。なぜなら、それは、喜びの種であり、謙遜、卑謙の種でもあるからです。

今や私たちは、何故才市の場合は「罪」が法界（全宇宙）の果てまで広がっているのか、その理由を理解できます。「罪」は世界そのものの基盤であり、それ故に少なくとも世界と同じくらい大きくなければなりません。「罪」は、ただ単にあれやこれやの道徳行為にかかわるのではなく、それは道徳の根底にあって道徳を可能にしているものです。それは、単なる道徳生活よりも、遥かに基礎的な問題にかかわっています。道徳を意識する自力は、他力の前に消え去り、それとともに、未知なものへの不安や恐怖の観念で惑わされることはもうなくなります。しかし、「罪」がそこに残っているのは、他力から独立した何かとしてではなく、他力が才市や一切衆生に自分を知らせる反射鏡としてです。反射鏡が取り払われると、他力はそのすべての愛とともに、あたかも無いかのごとくになります。愛には愛を及ぼす対象が要ります。それで、他力はその対象を「罪」というすがたに創り、「罪」の担い手をして次のように熱狂的に詠わせます。

たのしみわ（楽しみは）、よるひるのさかゑ（境）なし、

いき（息）をするのも、よるひるのさかゑなし、
これがろくじ（六字）のなむあみだぶつ、
二よらい三（如来さん）、わたしやこがな（こんな）よろこびを　もうてをりますな（持っておりますな）。
これわみな　あなたにもろただけな（貰ったのですからね）。
なむあみだぶつ、なむあみだぶつ〈訳註38〉。

あるいは、

てんち（天地）、ほをかい（法界）、よろこびばかり、
てんち、ほかい（法界）、みなわしが（私のもの）、なむあみだぶつ〈訳註39〉。

全宇宙を満たし、夜昼常に溢れ出るほどの「こがなよろこび」は、自力の所産である時空の物差しでは測れないに違いありません。だから、才市は「これはみな阿弥陀自身の贈り物である」と言います。もしこの喜びが阿弥陀、如来さん、親さまの贈り物であれば、喜ぶことのできる心もまた阿弥陀の贈り物に相違ない。そして、不思議中の不思議は、贈り物の受け取り手と贈り主が一つであり、篤信な浄土信者の意識において「罪」がこの不思議の開示者であるということです。南無阿弥陀仏というのは、この意識を象徴化したものです。

私たちには今や、「罪」が単なる個人的関心事ではなくて、宇宙的意味をもっていることが解ります。才市の感情において、「罪」は彼自身であるが、この感情は実際には法界の他の部分から分離している孤独な個人としての才市だけに属するものではありません。この「罪」の感情を持つのは法界そのものであり、才市はその事実を反映し表現しているだけです。全体性というのは抽象的概念で、それが生きるのは具体的な個別と一体化する時だけです。法界の全体性は才市の内で才市と共に感じられ、才市が「罪」に押し潰されるのは、法界が才市の内に生き、才市と共に、才市を通して「罪」を感じる時であります。

四、罪、個別的と集合的

法界における一切の事柄の相関性は、一部は私たちの現代生活が例証するところとなっています。皆が解っているように、私たちの現代生活はますます複雑になり、そのさまざまな、経済的、社会的、政治的関係は、いよいよ密接に織り交ざっています。世界の片隅で何らかの事件が起こると、それは間違いなく何らかの影響を他の部分に及ぼします。それは、大都市のラッシュアワーの自動車のとめどない行列に似ています。列の中の一台に事故が起こると、多くの他の車が程度の差こそあれ、ただちに巻き込まれてしまいます。交通規則は極めて重要です。何か争いが起こるとすると、たとえそれが工場のストライキであっても、一国のすべての人が、共同体のみんなが影響を受けます。戦争が起きるのは、イデオロギーの食い違いや、避けがたく見える利害関係の対立が原因かもしれないのです。そのような戦争の結果が勝利者にも敗北者にも、ほとんど耐えがたいような苦悩をもたらすという事実にもかかわらず、政治家たちは、そういう極端な手段には反対の人びとをも含む国全体が、悲惨な武力戦争に突入することを決定するかもしれません。この残虐な事柄への参加と不参加を問わず、すべての国民が結果として生ずる混沌に対して責任があると考えられます。戦争の「罪」は、それがすべての人の運命の一部になるということです。何人も、「自分は知らなかった」とは言えないし、知らなかったのだから、その惨憺たる結果に対する責任を免除されているとは主張できません。

戦争は、かつて人類の考えた企ての中で最も恐ろしいものです。その上、あらゆる人間活動の中で最も不合理であり、最も愚劣であり、かつ最も悪魔的であります。戦争は平和をもたらすといいますが、はたして過去にいかなる戦争がいかなる意味でいかなる平和への道をもたらしたでしょうか。一つの戦争が終わるや否や、私たちは次の戦争について語り出し、その準備を始めて、交戦が世界的規模に膨らみ勝敗が決着したかと見えても、何か不合理な残渣が完全には解消されていなかったことを証明します。悪魔は生半可な殺戮では決して満足しないので、戦争の後に何か悪魔的なものが生き残ります。悪魔は地上の一切衆生の全面的殺戮を狙っているように見えます。

戦争は「合理的」人間の陥る愚かさの深淵を示すばかりでなく、人類の心にある「罪」を個別的かつ集団的に暴きます。合理的精神に宿るといわれる明るい見解や視野を悪魔的衝動がすべて暗くし、そうした悪魔的行動は、大衆に向けられるとき最も効果的な働きをするようです。個々人はある状況下では充分に道理を弁えているが、いわゆる知的人間が一定数集まるというと、そのような集団は悪魔的影響の打って付けな餌食となります。悪魔は大衆心理を餌食にしています。戦争は、私たち衆生一人ひとりの内に、他者への破壊衝動というか、他人に対して自分の権力を行使したいと思う原始的衝動がまだ存在しており、それが孤立した個々人の中ではどれほど弱くとも、集団においては力を増すということをはっきりと証明します。それ故、感受性の鋭い心が最も強く「罪」を感得するのは、この集団的形式においてです。ですから、才市が自らの「罪」の所有を責めるとき、彼はその「罪」を人類全体、法界全体、全宇宙を巻き込むものと見なします。才市は、別名を悪魔的衝動ともいう「罪」が存在の根底にあり、時には自分個人の中に凝縮しているようだと述べています。

仏教は人間の愚かさと有罪性を「無明」（*avidyā*）と呼び、この属性を最も基本的な悪とします。それは、また、この基本的悪が私たちのこの世の存在そのものの条件であるともいわれています。それは、認識論的には、分極化ないし二分化の原理です。この悪がなければ、私たち人間がこの生死の世界に生れ出ることはなかったでしょう。言い換えれば、絶えざる生成に曝されている世界を創ることはなかったでしょう。諸行無常なる生成は、存在が非存在になり、非存在が存在になること、あるいは、誕生を経験して、しばらくすると、死滅することを意味します。殺すということも、生成の一形態です。それは、何らかの理由で、ある生存者を自他に対して否定するということです。そのような行動や理屈の究極的合理性には、ご想像通り、どこまでも疑問が残ります。しかしながら、以上述べたことは、いのちは本来的に死と結びついているのですから、私たちは何らかの形で他を殺したり傷つけたりしないでは生きていけないことを意味しています。もちろん、これは、野蛮な殺戮や理不尽な殺しを容赦するものではありません。

美しい草花を育てたいと思うなら、その生長に有害な草木や昆虫や微生物を殺さざるを得ません。私たちが健康で安全な住居を持ちたいと思えば、その目的でもって整地しなければなりません。それは、草取り、木の伐採、虫や昆虫の駆除、地域によっては、動物や爬虫類の殺戮を、何らかの理由で敵対するかもしれない隣接部族との頻繁な戦争までも、意味することになります。このようにして、多くのいのちが私たち自身のいのちの維持のために犠牲になります。私たちのこのような生命破壊行為は、道徳的、宗教的に正当化できるものでしょうか。この問いが一個人に関わることであれば、その人はできるだけ不必要な殺戮を避けるように努力できるかもしれないが、それが家族や部族や国家の問題となれば、私たちはその血なまぐさい仕事の遂行を躊躇しないで、時にはおそらく必要な限度を越えて、理不尽な残虐なところまでも行ってしまいます。

どんな形のいのちにも、その内には単なる生を超えた何かがあります。それがほかでもないその特別な形をとっていることには、意味というか理由があります。それがありのままの存在で、それ以外ではあり得ない。それを自分たちの観方に従って判断するのは私たちであり、それがこの世で可能な唯一の観点ないし価値観であるのかどうか、私には解りません。死骸は見た目は恐ろしいが、それがかつては高貴なもしくは神聖な精神の持ち主であったことを思えば、拝まざるをえません。肉体そのものは、単なる物体にほかならず、朽ち果てて最後には消滅するしかないのですが、価値の担い手として意義があります。個々の肉塊は、価値を持って生きているときは、それ以上のものです。知らずして足元に踏み潰す虫でさえも、何がしかの内在的価値を持つものとして、より高い生命形態と関係するような、何らかの意義をもっているに違いありません。虫もまた永遠の目的のようなものを担っているに違いないのであって、そういう意味では、仏教徒がたとえ気付かずにでも、虫を殺さないようにするのは正しいことです。この目的のために、仏教僧は上部に音を出す鐶の付いた杖〈訳註40〉を持って歩いて、昆虫などの生き物に近づく巡礼者のために道を空けるように警告します。近世の禅僧仙厓〈訳註41〉は、庭の草取りをするときは、いつも南無阿弥陀仏を称えながら、そのいのちを奪うことに許しを請いつつ、不幸な雑草の心の幸せを祈ったのです。仙厓はこのようにして、いのちの根源を思うとともに、その無限に分かれた個別のいのちを思ったに違いありません。草は私たちといのちを分かち合っています。草の持つすがたは、格別な価値を表現しているようには見えないが、その存在は私たち自身と同じ根源から発現しています。実際、私たち人間が私たちの文化にとって重要不可欠だと思う価値は、他のすべての存在に依拠しており、その全体は、積極的にしろ消極的にしろ、いのちの全階層において個体養成の環境を提供しているのです。この点では、雑草も、爬虫類も、肉食動物も、野の百合や空の鳥とまったく同様に、神の栄光を讃えているのです。

絶対に必要だとはいえないときでも、時にはまったく知らないで、自分自身の存在を保つために、いくらかの生き物を殺さねばならないという事実は、私たちの心に道徳的罪悪感を呼び起こします。この種の感情は、才市がその人間的弱さを嘆き、自らの罪を告白するとき、彼の心中にあったに違いありません。

あさまし　もしもをじひ（御慈悲）が　ないならば
わしのこころわ（わしの心は）　あられまい　あさまし
あさまし　あさまし　あさまし　あさまし
あさまし　あさまし　あさまし　あさまし
なむあみだぶつ　なむあみだぶつ
て（手）をあわせて　をがむべし（拝むべし）　なむあみだぶつ〈訳註42〉

才市自身の注記には「これわこどものときからいきむしをころしたざんぎであります」とある。

才市の生き虫への感情、仙厓の雑草への感情、それはみな同一の源泉から、つまり、本来存在そのものに付いている「罪」の概念から出てきています。何らかの存在形態を主張する生き物は、すべて「罪」の重荷を背負っているのであるが、それを感じて何とかしなければならないと駆り立てられるのは、人間だけであります。すべての低い形態のいのちは「罪」をもって生れ、生涯それにしたがって生きます。「罪」は彼らにとっては重荷でない。私たちは、人間を他の存在から分ける自意識こそが、本当に人間の尊厳と幸福を作っているのだというかもしれません。しかし同時に、人間の自意識は、あらゆる曲がり角で人間を躓（つまず）かせる大きな障害物です。

それでも、「罪」の存在によってどんなに惨めになろうとも、才市は自分の罪を背負うことを厭いませんでした。時には「罪」に対して陽気にさえなり感謝でいっぱいです。なぜなら、いつも才市に阿弥陀の無限の慈悲心を感じさせるのは「罪」だからです。

つみわ（罪は）　むりよ（無量）のやく（厄）あり
はちまんしせん（八万四千）のやくあり
いそがし　いそがし
なむあみだぶに　つかわれて
わるいもの（悪いもの）　ゑもの（善いもの）と　ひとつになりて
をやのをかげよ（親のお蔭よ）　なむあみだぶつ　なむあみだぶつ〈訳註43〉

キリスト教の原罪概念についてよく知っているとは申しませんが、もしそれが存在条件そのものに関わる何かを意味するのであれば、それは創造の初めに、つまり神が「光あれよ」と命令した時に、私たちに与えられたに違いありません。光が創られ、同時に闇が来て、世界はそれ以来、光と闇、昼と夜、善と悪に分けられました。光はそれだけでは広がることができませんでした。なぜなら、できたとしたら、それはもはや光ではなくなるだろうからです。光は闇ある故の光なのです。この相互的条件付けが原罪であるといわねばならない。原罪とは、闇が光に、光が闇に条件付けられているというこの事実にほかなりません。この相互関係がないのであれば、善悪も含めてこの世の一切を造った大本の原罪というものも無いことになるでしょう。人間の意識は実に光と闇が交替に造り出した産物であり、それが原罪概念の本来の在り処であります。人間はこの宇宙的条件に責任があるとは考えられません。人間はその一部として誕生したのです。誕生は、人間にとっては単に、最大限に活用しようと努める所与に過ぎません。もし誰かが原罪に責任があるというのであれば、それは神自身以外の何者でもあり得ません。おそらく、神も世界を創造せざるを得なかったのです。なぜなら、神が神であるためには、自分自身に対立するものがなくてはならず、神は自分自身であるために、自分に対立するものを自分で創り出したのです。神は自己であるためには非己でなければならなかった。このジレンマが原罪です。

この動かすべからざる論理にもかかわらず、人間は原罪の責任は自分にあると感じて、この状態を改善しようと努力します。これは逆説というか、神秘とでもいうべきことです。人間がこのことに関してまったく無力なことを知って、神は人間を哀れみました。神は、その原罪を償うために一人子のキリストを犠牲に供しました。人間の論理からすれば、神の側のこの行為は馬鹿げたことだといわねばならないでしょう。なぜなら、神は創造の時、人間の堕落を予見できていただろうからであります。しかしながら、これを予見しながら、神は人間をしてその罪深さと絶望的な戦いをするに任せ、終にはもはや自分自身の愚行を見るに忍びなくなるところまで行ってしまいました。身代わりの贖罪は、人間的観点からすれば、神の側の一種の自己処罰です。論理的に正しく考えるならば、人間の現状に対する非難は、創造主に向けられるべきです。ところが、そうはしないで、私たち人間が、神を、最初の犯罪者としてではなく、私達の救済者として見るというのは、本当に奇妙なことです。人間は、不思議なことに、ありのままの自分に対して何らかの罪悪感を懐きます。これがキリスト教神学者達を一番悩ませていることだと、私は思います〈訳註44〉。

仏教徒は、外の主体による創造神話を持たないし、キリストという歴史的固定点にも依らないので、こういうジレンマを免れています。仏教徒の場合、他力は、存在する自己の外ではなく内にあります。仏教徒は、内が外で外が内だと感じると同時に、内と外の区別は決して消せないとも思っています。

五、才市と和解

キリスト教徒は、私たちがまるで神から疎外されていたかのように、神との和解ということを語ります。

真宗の信者なら「どんなに阿弥陀さんから逃げようとしても、阿弥陀さんはいつも付いてきていて、決して離れることはできません。逃げようとすればするほど、追いかけてきます」というでしょう。阿弥陀は常に私たちと共に、私たちの内に、私たちの周りにいます。というよりは、私たちがいつも阿弥陀の中にいるのです。ですから、阿弥陀から逃げたり、阿弥陀に抵抗したり、阿弥陀に対立したりすることはまったくできません。

わたしや仁げます（逃げます）　あなたのまゑ（前）を
仁げば仁げ（逃げるなら逃げよ）　なむあみだぶ仁ゑれて（入れて）
あるなむあみだぶ仁（南無阿弥陀仏に）つれられて
みだ（弥陀）の上を（浄土に）ど仁・仁げてゆく（逃げてゆく）〈訳註45〉

仏教徒には阿弥陀との「和解」はない。彼等はただ、阿弥陀の中にいるのだから阿弥陀から離れることはできないという事実に気付くだけです。才市にはこの離れがたさが極めて明白です。

わしとあみだわ（阿弥陀は）　どをしてをるか（どうしておるか）
なむとあみだわ（南無と阿弥陀は）　はなりやせの（離れはせぬ）〈訳註46〉
はなれられんが　なむあみだぶつ

わしのこころとをやさまのこころわ（親様の心は）　はなすことわ（離すことは）できますすま（できますまい）
これをはなすことができましたら　うみのみず（海の水）にも　さかえ（境）ができま正（できましょう）
またせかい（世界）のこくうくうき（虚空空気）も　べつに（別には）わしられますまい〈訳註47〉

神が私たちにとってストレインジャー（隔絶する他人）〈訳註48〉であれば、和解という考え方は可能です。私たちはこちらに立ち、神はむこうに立ち、相互に対峙している、これがストレインジャーどうしの相互関係、疎外状態です。キリスト教では、宗教意識の二要素間は、最初からそういう状態でした。キリスト教的思想には、あらゆる発展段階で、何らかの形で二元論が出てきています。

才市は「和解」に言及することはありません。この点に関して才市がいうのは、親さまに「取られて」「乗せられて」「知らせて」「当てられて」「貰うて」「収められて」等々です。

これら才市の句には、阿弥陀との疎外感とか、才市と阿弥陀の間の越えがたい間隙という感じは見当たりません。才市が阿弥陀から貰うものは、阿弥陀がただで与えるのです。才市に知らされるのは、才市が頼んだのではなく、阿弥陀から来る自由な伝達です。才市が当てるものは、才市自身が当てるのではなく、阿弥陀の方から来るのです。知らぬ間に才市は阿弥陀の虜になり、阿弥陀の中に収められているのです。

仏教徒にとって「ストレインジャー」という概念は、常に異様な感じがありました。なぜなら、阿弥陀はいつも彼等にとっては「親さま」だったからです。「親」は私たちの人間関係で最も親密な者です。それ故、仏教の信仰は、この状況を認識するところに、つまり、自分が「親さま」としての阿弥陀にとって「ストレインジャー」でなかったことに気付くところにあります。信仰とはこれを自覚する経験にほかならない。他力宗の特徴は、自分の内に「親さま」の恵みによって授与される何か特別な贈り物として、この信仰経験が自分の内に生ずるという点であります。「親さま」はこの寵愛に対して何らの代償も求めません。信者の側に対して、いかなる道徳的訓練も、いかなる禁欲的修行も、いかなる種の断念行為も要求しません。信者は「親さま」の贈り物をまったく無償のものとして受け取ります。信心は、報償ではなく、何らの純粋な贈り物であり、いかなる目的論的レッテルも付いていません。

仏の寵愛は絶対的で、そこには何の条件も付いていません。受ける方は、寵愛を与えられたということを意識せずに、つまりそれをいただくためには実際にはたくさんやるべきことがあるということをまったく認識しないままで、それを頂戴することになります。相対的観点から見れば、私たち自身がたくさんの精神的苦悩を通り抜けてしまわねば、阿弥陀の寵愛が私たちに与えられるということはあり得ないということになります。しかし、それを頂戴するとき、私たちはその出来事において何らの役割もしなかったかのように感じます。その人自身は、阿弥陀に照らして見れば、いわば物の数ではないのです。なぜならば、阿弥陀は広大無辺にして一切を包み取っているので、阿弥陀と私たちの間には共通して使える尺度がないからです。人間の立場から見れば、それはすべてが他力というわけではなく、そこには何がしかの自力が入っています。しかし、その人自身は、自分は何もしていないように思います。それはすべて阿弥陀の行為であると感じるのです。したがって、その人は、阿弥陀のこの御恩に充分に報いることは到底できないと思うほど、有難く感じます。それ故に、その人のなすところは、阿弥陀仏との和解のためではなく、ただただ溢れるような感謝の心からなされるのです。

特に真宗の教えでは、個々人が阿弥陀の御恩に対して何かをなし得たと思う限り、その人はまだ迷いの此岸に立っているのであり、依然として自力の犠牲者であり、自らの阿弥陀信仰をまだ絶対的には確信できていません。この逆説の例証として、また才市の日記帳から見てみましょう。阿弥陀の寵愛をいただくために何もしていないということについて、才市は次のように言っています。

ただのねんぶつ（念仏）　わたしや
よをなし（用なし）　ごをん（御恩）　うれしや
なむあみだぶつ　なむあみだぶつ〈訳註49〉

「わたしゃ用なし」という句の意味するところは、阿弥陀の寵愛はまったく自然に、まったく阿弥陀の自由意志によって、才市に届いたのであり、才市自身は自らの貢献はまったくなかったと感じるということです。だから、才市は次の歌でこの事全体がまったく解らないと告白します。

あなたわたしを　どをして（どうして）
すくう（救う）　わたしやひとつも
がてん（合点）がいらの（いかぬ）　がてんいらずは（いかずば）
そのき（機）のままよ〈原註2〉
ごをん（御恩）うれしや　なむあみだぶつ〈訳註50〉

才市は、自分の方からはほんの少しもしないのに、どうしてその〝救い〟が為し遂げられたのか、不思議に思っています。その反対に、一切がただ、無条件の「ただ」です。これは大きな不思議です。自分ではそれを解くことができないので、才市はそれをそのまま受け取って感謝するばかりです。

さいちがびよきわ（才市の病気は）　なむあみだぶを
のみこめばなをるか（治る）　いいいや（いいいえ）　ひんなら（そんなら）
どを（どう）すればなおるか　へ　さいちがびよきわ
なむあみだぶつさま仁（に）　のみこまれるで（呑み込まれるので）
なをるでありますさいちや
ろくじ〈原註3〉のぐやんやく仁（丸薬に）　まるでのまれて
ろくじのなかで　をんれいほをしや
ほをしや（報謝）するのも　ふしぎな（不思議な）ものよ
ふしぎふしぎで　ほをしやするのよ
ごをん（御恩）うれしや　なむあみだぶつ〈訳註51〉

才市の病は、南無阿弥陀仏の丸薬を呑みこんで治るのではなく、それに呑みこまれることによって治るのだというところに注意しましょう。才市はこの点まったく受身であり、その結果は、

さいちよい　へ　なむあみだぶで
はたらこぜの（働こうぜの）　へ　よらい三（如来さん?）よい
あなたのよをな（ような）　よいひとわ（よい人は）ない
ごをんうれしや（御恩うれしや）　なむあみだぶつ〈訳註52〉

才市は不思議という観念を乗り越えられず、これに取り付かれています。不思議というのは、才市のようにあらゆる意味で惨めな人間が、どうして三千大千世界を満たす一切の富をものともしないような素晴らしい贈り物をいただけるのだろうかということです。世俗的観点からすれば、無に対して与えられるものは何もなく、すべてのものに値が付いています。もしそうならば、「この才市」が、人を安養の浄土に送り届けるという比類なき贈り物をどうして阿弥陀仏から頂戴できるというのでしょうか。

ありがたいな
しゃば（娑婆）ですること、
かぎよをいとなみ（家業営み）することが、
上をどの正をごん（浄土の荘厳）に、これがかわるぞよ、
ふしぎなこと（不思議なこと）。

ふしぎでありますな。
なむあみだぶわ、どをゆうゑゑくすり（どういうよい薬）であろをかいな（あろうかいな）。
なむあみだぶわ、どをゆうよいくすりであろをかいな〈訳註53〉。

私たちは今や、才市の歌の引用すべてに、和解ということを想起させるようなものは何もないことが解ります。なぜなら、才市の信仰には、第二の当事者がいないからです。信仰はすべて阿弥陀から、その自由意志から、ただの贈り物として来るのです。才市は当惑しますが、この上ない感謝と驚きの情をもって受け取るほかにすべはなく、日夜下駄造りにいそしみ続けるのです。才市の仕事中、阿弥陀はいつも彼の仲間です。才市は阿弥陀から離れません。両者は一体です。

和解においては、それぞれの当事者は、和解が達成される前にある程度相手のことを知っていると想定されています。それも、対等な観点からです。そうでなければ、後に築かれる友好的関係に必ず先行している敵対の感情がないだろうからです。浄土真宗においては、阿弥陀がすべてで、その目的をやり遂げます。それ故、個々の信者は、阿弥陀の特別な寵愛によって阿弥陀のことを知るようになるまでは、阿弥陀のことを何も知りません。信者が罪深い人間であったことに気付くのは、その時のことです。その気付きの前、信者には阿弥陀についての知識が欠けていたので、不安、苦悩、動揺、恐怖などを経験します。しかしながら、そこには阿弥陀への反抗と見られるものは何もありません。もし反抗と呼べるものがあるとすれば、それが信者の心に自覚されるのは、その人が阿弥陀に気付いた後であって、その前ではありません。阿弥陀の実在に気付かされて、信者はその極悪深重の罪を認識することになります。まだ阿弥陀のことを知らぬ間は、前もって阿弥陀と阿弥陀の計り知れぬほど大きな慈悲心について聞かされていても、個人的な実体験はないのです。すべては単なる噂であり、空虚な観念でしかありません。阿弥陀はその人にとって空しい名前でしかありませんでした。信者が阿弥陀に対して自分自身の罪を感じることができるのは、阿弥陀が現実だと解ってからです。才市がそのノートブックに、自らの哀れさと惨めさの計り知れない現状をあれほど頻繁に繰り返し繰り返し記している理由は、ここにあります。

わるい（悪い）やつ　わるいやつ　さいちや（才市は）
わるいやつ　さいち　わるいやつ
わるい仁（?）こと仁わ（には）　そこ（底）がない
わるいやつ　わるいやつ仁わ　そこがない〈訳註54〉

さいちや（才市は）　わるい（悪い）こと　そこ（底）がない
をや（親）の　ゑゑ（善い）こと　そこがない
ごをん（御恩）うれしや　なむあみだぶつ〈訳註55〉

才市に無底の悪がある故に、阿弥陀に無底の善があります。あるいは、阿弥陀の限りない善の故に、才市が自らの悪を同様に限りないものと感じると言った方がよいかもしれません。

この光に照らして次のような才市の呟きを読むと、才市の心の中で本当に何が起こっているのかが解ります。なぜなら、自分を嘆くと同じ程度に、才市は自分に向けられた阿弥陀の尽きせぬ慈愛を讃嘆しているのですから。

わたしゃ　あさましゅて（あさましくて）　つのはゑて（角生えて）
うろこ（鱗）があうて（あって）　うろこがわくわく　くちゆあける（口を開ける）
くちをこして（口を起こして）　ほのをふいて（炎吹いて）
あさましな　あさまし　あさまし
ひとのめにわ（人の目には）　あたらねど
いんま（今）　ゑんま（閻魔）（原註4）のまえて（前で）　しらべられ〈訳註56〉

この世で目にする一切の悲嘆、一切の悲惨、一切の悪業の記録保管所である地獄の底が阿弥陀によって支えられていることを、今才市から学ぶことは、宗教的に興味津津であります。

うみにわ（海には）　みずばかり（水ばかり）。

みずをうけもつ（水を受け持っ）　そこ（底）あり。
さいちにわ（才市には）　あくばかり（悪ばかり）
あくをうけもつ（悪を受け持っ）　あみだ（阿弥陀）あり
うれしや　なむあみだぶつ　なむあみだぶつ〈訳註57〉

これが妙好人才市の感じ取った仏教的和解です。

(原　註)

（1）［この才市の言葉「われがぞきよさうしゆうたがいじりき（お前の雑行雑修疑い自力）のこころを　とうてやうたがの（取ってやった）」の鈴木大拙の英訳は I have taken away from you all that is not needed for your salvation, including doubt and self-power thought. である。以下はこれについての原著者鈴木大拙の註。］（翻訳者付記）。

この部分は原文を解りやすくするために自由な翻訳を試みた。一つには、浄土真宗の教えには、厳密にいって、救済に当たる概念はない。〈訳注58〉

救済ということには、僅かに自力の残滓があるのだが、才市に関する限り、この観念への言及は稀である。しばしば見かける言葉は、「私は阿弥陀に取られ」「阿弥陀が私をまるで取って」「私の心があなた心と融けおうて」「才市は仏と一つ、世界と一つ」等々である。これらの言葉には、救済という思想を思わせるものはない。

「必要でないものすべて（all that is not needed）」という句の原文は、人びとを最終的には正覚に導く「所定の行や修法を実践すること（雑行雑修）」である。浄土教は明らかに浄土往生の観念を強調する。しかし往生の本当の目的は、極楽浄土に落ち着くということではなくて、浄土への往生によって最高のさとりを得ることである。なぜなら、浄土の環境は、住人が仏教徒としての生活の究極的目的を直ちに実現できるように出来ているからである。浄土真宗はその例外ではない。才市はこれを知っていたから、死後の生活の楽しみに付いて語ることはまったくなかった。

（2）［この原註2は"If you do not understand be just as you are."と訳されている「合点いらずはそのきのままよ」という語句への注記である。］（翻訳者付記）。

これは才市の問いに対する仏の言葉と思われる。才市はその日記の中でしばしばこんな問答をする。自分で問いを出しておいて、あたかも向こうから、阿弥陀から来たかのように、その問いに答えている。

（3）この「六字」というのは、南無阿弥陀仏のことである。

（4）閻魔は地獄の死界の王で、その国に来るすべての人を尋問する。どんなことでも彼に隠すことはできない。なぜならば、彼の前には明鏡があって、それが罪人のこの世での全生涯を映し出すからである。その上閻魔は、善も悪も罪人の言行すべての克明な記録書を持っている。閻魔は公明正大な裁判官である。もし何か少しでも善いことがあれば、それを考慮して適切に評価する。

〈訳者註〉

〈1〉この第一段の小見出しは、便宜上訳者が付けたもので、著者の原文にはない。

〈2〉妙好人の英訳である"wonderfully-good man"の"wonderfully-good"を「驚くほど善良な」と訳してみたが、いうまでもなくこれは鈴木大拙の意を伝えきれていない。この場合の"wonderfully"には、善悪、浄穢の二元性を超えた絶対的意味合いが込められている。もともと、妙好人の「妙好」は、汚泥から出て泥に染まない蓮華の絶対的美しさを讃える形容詞であり、「妙好人」は、そのような言葉を超えた美しさを持つ蓮華――「妙好華」――のような人という意味である。

〈3〉浅原才市(一八五〇～一九三二)は、石見国邇摩郡大浜村字小浜に生まれ、同地でその生涯を閉じた浄土真宗妙好人。二十歳前後で仏法聴聞を志し、船大工として北九州に出稼ぎした時期も求道を続け、五十代半ばに出稼ぎを止め故郷に帰ってからは、下駄職人として生計を立てながら、近辺の寺々への参詣を欠かさず念仏生活を貫いた。信仰の喜びを表現した宗教的自由詩の数は、現存するものだけでも六千二百九十三首に上り、東京の空襲で焼失したノート三十余冊の歌等を入れると、およそ一万首はあったと推定される。一九一四年秋から一九三二年正月の往生に至るまで、一日に一首か二首を作詩していた勘定になる。同じ村の安楽寺住職梅田謙敬師を善知識と仰いでの聞法生活であった。

〈4〉「彼は無学で仮名文字しか書けませんでしたが」とあるが、高木雪雄師は『才市同行　才市の生涯と周辺の人びと』(永田文昌堂、一九九一年)で、「それは事実でない」と反証をあげている。ただし、仮名のほかに書き残しているのは、漢数字と「上」「明」「正」「京」など僅かな漢字のみで、それらを表音的に用いていた。「無学で仮名文字しか書けない」というのに近かったことは事実である。

〈5〉ここに日記帳と訳した英語は journals、鈴木大拙はそのほかにも diaries とか notebooks 等の言葉を使うが、すべて同一資料を意味している。凡そ十八年の間に、ほとんど毎日書きとめた才市自筆の詩集である。

〈6〉親鸞『正像末和讃』中「自然法爾章」末の和讃二つの中の一つ、「よしあしの文字をもしらぬひとはみな　まことのこころなりけるを　善悪の字しりがほは　おほそらごとのかたちなり」（『真宗聖教全書』第二巻、五三一頁）に基づく。

〈7〉親鸞『正像末和讃』中「自然法爾章」末の和讃二つの中の一つ。（『真宗聖教全書』第二巻、五三一頁）

〈8〉才市の詩集には、鈴木大拙編著『妙好人浅原才市集』（春秋社、一九六七年）と楠恭編『定本妙好人才市の歌一、二、三』（法藏館、一九七七年）があり、現存する才市の宗教詩の資料のほとんどがこの二種に収められている。

著者の英文の本になった歌は、鈴木大拙編著『妙好人浅原才市集』一五四頁、二四歌だと考えられる。もう一つの出典の可能性としては、楠恭編『定本妙好人才市の歌一』二〇三頁の八五歌「わたしやあさましどろのくらやみ」の一行。

〈9〉楠恭編『定本妙好人才市の歌二』一三六～一三七頁、七歌。

〈10〉楠恭編『定本妙好人才市の歌二』一八七頁、三一歌。

〈11〉若林春暁は、温泉津の小浜という同じ在所に住した日本画の絵師。春暁が才市の肖像画を描いた（大正八年）事情については二説ある。一つは、春暁が才市に描かせてほしいと願い出て描いたとする説（高木雪雄著『才市同行——才市の生涯と周縁の人びと——』百華苑、一九九一年）、二つ目は、才市が春暁に頼んで描いてもらったとする説（寺本慧達著『浅原才市翁を語る』千代田女学園、一九五二年）である。ともかくも、何らかの事情で、その画家が才市の絵を書くことになった時、才市が角を生やした絵を所望したことは事実であろう。

〈12〉楠恭編『定本妙好人才市の歌三』三二五頁、八二歌。

〈13〉「浮世逆上せ」の語は、『妙好人浅原才市集』七八頁の三四歌や、一二一頁の四〇歌等に見える。

〈14〉「嘘の皮」は、楠恭編『定本妙好人才市の歌三』二一七〜二一八頁、九歌や、鈴木大拙編著『妙好人浅原才市集』二六一〜二六二頁、一四五歌等に出る。

〈15〉「明きめくら」は差別用語。ただしこの文脈では、他人に向けられた差別の言葉ではなく、自分に向けられた自己批判の言葉であり、そのことは注目すべきであろう。

〈16〉楠恭編『定本妙好人才市の歌三』二五三頁、五一歌。

〈17〉この第二段の題名はもとの論文にはなかった。仮に訳者の付けたものである。ただし、第三段、第四段、第五段には、もともと題名が付けられていた。

〈18〉この翻訳で「罪」として訳出してあるのは、原論文では *tsumi*、日本語「罪」の音訳である。英単語 sin との短絡的な同化を避けたものと思われる。

〈19〉エニグマ（enigma）は、翻訳の難しい言葉であるために、その音訳が使われることが多い。人間の作った謎ではなしに、答えを出すことがほとんど不可能な存在そのものの成り立ちに関わるような謎、ないし神秘を意味する。（　）内に「存在の謎」と入れたのは、訳者である。

〈20〉楠恭編『定本妙好人才市の歌三』二四五頁、二八歌。

〈21〉楠恭編『定本妙好人才市の歌三』二五〇頁、四〇歌。

〈22〉楠恭編『定本妙好人才市の歌三』二四七〜二四八頁、三四歌。

〈23〉この箇所での鈴木大拙のマイスター・エックハルトへの言及は、*Meister Eckhart – A Modern Translation* – by Raymond B. Blakney, Harper & Row Publishers, New York, 1941 の中の「The Talks of Instruction」9に基づいている。

〈24〉『新約聖書』「コリント人への第二の手紙」第十二章九節。上記エックハルトの翻訳本で「徳（virtue）」となっている語は、現代語訳の『新約聖書』（英語版）ではしばしば「力（power or strength）」と訳されている。

〈25〉*Meister Eckhart – A Modern Translation* – by Raymond B. Blakney, p. 12.

〈26〉この1文は、上記 *Meister Eckhart – A Modern Translation* – p. 12. の「The Talks of Instruction」9に出てくる文章の取意である。（ ）内の「外なる自己」「より善い本性」「より高い自己」という三つの語句は、ドイツ語から英訳されたエックハルトの言葉 "outward self", "better nature", "the higher self" の和訳である。エックハルトの文章に出てくるこれらの概念を念頭に、鈴木大拙はこの話を展開している。

〈27〉「こんな」というのは、この地方の言葉で、呼びかけの間投詞。

〈28〉『御文章』は、本願寺第八世住職の蓮如（一四一四〜一四九九）が門信徒に書き与えた消息体の法語。五帖八十通に編纂された『御文章』は才市の愛読書で、朝夕仏壇の前で拝読した。毎日力を入れて拝読したものと見えて、左手の親指の当たる部分には、大きな穴があいている。

〈29〉楠恭編『定本妙好人才市の歌二』一三五頁、一歌。

〈30〉「小庭」は、原文では"courtyard"、ここでそれを「小庭」と訳出したのは、「娑婆の世界は、浄土の小庭、小庭見させて、浄土楽しむ、南無阿弥陀仏」という才市の歌にヒントを得たからである。鈴木大拙が英語論文の中で"courtyard"とこの語を括弧に入れており、しかも次節でSaichi's "courtyard"という表現を使っているのを見ると、才市のこの歌の中の小庭という語に注目して"courtyard"と訳した可能性は否定できないであろう。『定本妙好人才市の歌三』七三頁、三八歌を見よ。

〈31〉リビドー（libido）。Sigmund Freud（一八五六～一九三九）から始まる近代精神分析の基本概念で、無意識の深層から発する本能的欲求をいう。Freud はリビドーを「あらゆる人間の行動の背景にある本能としての性的エネルギー」とするのに対し、同時代人の Carl Gustav Jung（一八七五～一九六一）は、その概念をさらに広げて「人間的生の根底にある心的エネルギー」と見た。第二次大戦後、リビドーの説はアメリカで大きな話題となった。ここでの発言から見ると、鈴木大拙は、仏教哲学における煩悩の理解は、近代精神分析学のリビドーの見解より遥かに深いと見ているようである。

〈32〉「阿弥陀―人」（Amida-man）という鈴木大拙の造語は、キリスト教用語「神―人」（God-man）を思い出させる。ただし、異質な存在が一つであるという逆説を意味する「神―人」は、キリスト教においてはイエス・キリストのみを指す言葉で、それ以外の何人も「神―人」ではあり得ない。仏教では、誰でもが「阿弥陀―人」であり得る。才市を「阿弥陀―人」という場合、そこでは阿弥陀が才市で才市が阿弥陀、両者は不一不二の不可思議な合一を実現している。

〈33〉『新約聖書』「ヨハネによる福音書」第八章七節。

〈34〉『新約聖書』「ヨハネによる福音書」第八章十一節。

〈35〉『新約聖書』「マタイによる福音書」第二十一章十九節。「そして、道のかたわらに一本のいちじくの木があるのを見て、そこに行かれたが、ただ葉のほかは何も見当たらなかった。そこでその木にむかって、〈今から後いつまでも、おまえには実がならないように〉といわれた。すると、いちじくの木はたちまち枯れた」。

〈36〉『新約聖書』「マタイによる福音書」第二十一章十二節。「それからイエスは宮（神殿）にはいられた。そして、宮の庭で売り買いしていた人びとをみな追い出し、また両替人の台や鳩を売る者の腰掛をくつがえされた」。

〈37〉『新約聖書』「マタイによる福音書」第二十三章三十三節。「へびよ、まむしの子らよ、どうして地獄の刑罰をのがれることができようか」。これはパリサイ人への言葉であるが、鈴木大拙が「サドカイ人やパリサイ人を『マムシの子らよ』と呼んだこと」と言っているのは、『同書』「マタイによる福音書」第三章七節には、パリサイ人やサドカイ人に対するヨハネの言葉として「まむしの子らよ、迫ってきている神の怒りから、おまえたちはのがれられると、だれがおしえたのか」とあるので、多少の混同があるかもしれない。

〈38〉楠恭編『定本妙好人才市の歌二』一四〇頁、二三歌。

〈39〉楠恭編『定本妙好人才市の歌二』一五〇頁、六八歌。

〈40〉仏教僧や修験者がもって歩く杖、錫丈のこと。頭部は錫製の塔婆形で、数個の金属製の環を付けており、中部は木製、下部は牙ないし角製となっている。

〈41〉仙厓義梵（一七五〇〜一八三七）は、江戸時代後期の禅僧、長く博多の聖福寺に住し、軽妙洒脱な禅画で有名。その禅画には鈴木大拙の英文解説がある。

〈42〉楠恭編『定本妙好人才市の歌三』三二三〜三二四頁、七八歌。

〈43〉楠恭編『定本妙好人才市の歌三』三一六頁、四七歌。

〈44〉ここまでの二節の論述は、神による世界創造の神話を持つ西洋人に向けて、ある程度は彼らの思考方法に順じながら、鈴木大拙が自らの「原罪」解釈を展開して、神の創造という観念の難点を指摘したものだといえよう。このような著者のスタンスは、次節の冒頭に「仏教徒は、外の主体による創造神話を持たないし、キリストという歴史的固定点にも依らないので、こういうジレンマを免れています」と述べていることからも明らかである。

〈45〉鈴木大拙編著『妙好人浅原才市集』一〇〜一一頁、六八歌。

〈46〉楠恭編『定本妙好人才市の歌三』七七頁、五三歌。

〈47〉楠恭編『定本妙好人才市の歌三』九〇〜九一頁、一三歌。最後の四行省略の引用。

〈48〉原文の英単語はstranger。（　）内の説明、（隔絶する他人）は、訳者が便宜的に挿入した。神のことをストレインジャーと呼ぶ場合、その意味を表現できる適切な和語の発見に困難を感じて、このような処置をした。

〈49〉鈴木大拙編著『妙好人浅原才市集』二九三頁、一〇歌。前半の二行「ねんぶつわ　ぶつのねんぶつ　ぶつがもをする　ぶつのねんぶつ」は省略されている。

〈50〉鈴木大拙編著『妙好人浅原才市集』三四頁、四七歌。

〈51〉鈴木大拙編著『妙好人浅原才市集』五頁、二〇歌。これには「きむらのほをじんとき（木村の法事の時）」という自注がついている。木村は木村尚徳という同じ村の医師。

〈52〉鈴木大拙編著『妙好人浅原才市集』二九二頁、七六歌。

〈53〉楠恭編『定本妙好人才市の歌一』九四頁、三三一歌。

〈54〉鈴木大拙編著『妙好人浅原才市集』二八七頁、五二歌。

〈55〉鈴木大拙編著『妙好人浅原才市集』二八七〜二八八頁、五三歌。

〈56〉楠恭編『定本妙好人才市の歌三』三一九〜三二〇頁、六〇歌。

〈57〉楠恭編『定本妙好人才市の歌一』一八八頁、三三三歌。

〈58〉鈴木大拙は、才市の歌の中の「雑行雑修」という言葉を解りやすく説明するために"all that is not needed for your salvation"（あなたの救済のために要らないすべて）という意訳を試みたのであるが、その意訳の中でsalvation（救済）という英単語を用いた。英語のsalvationという言葉には、本来日本語の「救済」にはない独特な意味合いがあるので「浄土真宗の教えには、厳密にいって、救済に当たる概念はない」という断り書きを付けたものと思われる。英語で「救済」というと、神と人間が異質な存在として対峙するという図式の中で、個々の人間の救済（神との再結合）が個々人の信仰の究極的関心事となる。しかし、浄土真宗の教えでは、一切衆生は本来阿弥陀仏に包摂されているのであって、両者の間にキリスト教的な異質の断絶はない。自らが阿弥陀仏の大悲に摂取されている事実に目覚めるその瞬間に、阿弥陀仏に一念帰命する浄土真宗の信仰においては、阿弥陀仏と衆生の関係は「機法一体南無阿弥陀仏」という句に象徴的に表現される。したがって、「浄土真宗には、厳密にいって、救済に当たる概念はない」という著者の断り書きは、西欧の英文読者に当てられたものであって、浄土真宗で「救済」という場合、それは英単語salvationの意味する「救済」の概念とはまったく異なるという意味である。鈴木大拙は、浄土真宗で「救い」とか「救済」とか「拯済」とかいう意味合いをsalvation（救済）という言葉に託したが、それは決してキリスト教的意味合いにおいてではないということを英語の読者に対して伝えたかったのであろう。

妙好人

一、妙好人、浅原才市

妙好人とは、文字通り「驚くほどすばらしい人」の意、インドの人びとが、すべての花の中で最も清浄な、最も高貴な、そして最も霊性的な花として讃嘆する「白い蓮の花」に譬えてそう呼ぶのです。妙好人は、正式にではありませんが、ある種の仏教徒たちに、特に浄土真宗の人びとに与えられた称号です。妙好人には、いかなる種の学問もないということが多いのですが、彼らの内面的な宗教経験は、深遠にしてかつ明快です。高度な学問しかない人びとは、そういった素朴な信仰者との出会いによって、窮地に追い詰められたように感じたことが、一再ならずあるのではないでしょうか。

妙好人は、自分の内面的な思いというか感情を、直ちに行動に移します。そしてその行動は、時どきまったく常軌を逸しています。たとえば、讃岐の庄松はよく子供達と一緒に遊んでいました。かつて逆立ちしているところを人に見つけられ、大人だからもっと威厳をもって行動するように注意されたとき、庄松は「無信心なおまえたちが地獄に落ちるさまをまねしているだけだ」と言い返しました。〈訳註1〉そのような機転は、禅匠にはあるかもしれませんが、普通真宗信者にはありません。これもまた庄松ですが、ある夏の夕方、お仏壇から阿弥陀の木像を取り出し、外に出て近くの棹に結びつけて、「ほら、夕方の風のなんと涼しいことか。あなたさまも涼んでください」と言いました〈訳註2〉。そこには、「外に向かって解りやすく」表現するのに必要な、実際的概念的な工夫はすべて無視されて、妙好人の内面の感情が丸ごと出ているのです。感情と行動の間に介在するものは何もありません。このいかなる媒介も認めないところは、妙好人の生活に典型的なものです。

浅原才市（一八五〇～一九三二）は、近代真宗史において最も注目すべき人物のひとりです。一つには、無学であったにもかかわらず、才市はおそらく六十歳過ぎだった獲信の後、最晩年の二十年間に数千首の「自由詩」を作りました。彼は、今は島根県として知られる石見の国の小浜という小さな田舎町に住んでいました。彼の書き物の大部分は過日の戦争で焼けました。彼は、下駄作りのため木切れに鉋をかけながら、心に浮かぶ内省や領解を記入するために、小学生用のノートを使いました。昼間はそれらの思いを鉋屑に書き止め、夜になると整理して、注意深くノートに清書しました。すべては子供のように仮名書きでした。それらの仮名での書き物には方言がたくさん混じっており、それが時々正確な意味の把握を難しくしています。

彼は説教を聴くために近隣の寺々に勤勉にお参りしていたと伝えられています。時おり、その説教は本山から来る有名な布教使の話でした。才市は、説教師から学んだ語彙を使いますが、その使い方は才市自身の独特なものです。つまり、彼の書き物は、彼自身の内面的経験の表現です。それは、温かく親しみやすいのですが、後ほど見て解るように、強くて深い感銘を与えます。

妙好人タイプの信者は、大概は文章を残しません。考えて言葉にする時間がないのです。彼らは、感じて行動するだけです。才市のようなケースは非常に稀で、それ故に彼の残した文献は非常に貴重であり、さまざまな示唆を含むたくさんの資料を提供します。というのは、才市のいろいろな考えは、常に彼自身の洞察力と感受性に導かれるというか、それを基盤としているからです。

二、才市の歌にみられる霊性的問いと答え

人生には、否定と対立と差異が充満しています。これは、人間が自分自身の現実も含め、現実を概念化する力を発展させてきたからです。それはまた、私たちは自分を主観と客観に二分することを知っているということです。私たちは二元的な存在です。「私」は単に「私」ではありません。「私」は、もう一つの「私」に伴われていて、これがもとの「私」に対応を要求します。ここに、悲劇的なものであれ、喜劇的なものであれ、私たちが日常生活で出会う、ありとあらゆる複雑怪奇の起源があるのです。

論理的に言えば、Aは常にAであり、決して非Aではありません。しかし、実際の人生においては、この論理式はまったく無視されます。なぜなら、人生において、Aは非Aであるから、AはAなのです。「ありのまま」の生は、決して論理的でも合理的でもありません。生は論理に適応しようとはしません。反対に、生は論理が生に合わせることを要求します。科学者や哲学者がそれぞれの探求の完

壁さをどれほど誇りに思っても、生には常に論理の網にかからない何かがあります。彼らはけっして生の基底に達することは出来ません。ですから、生と論理の間には、紛争が果てしなく続かざるを得ません。

「エデンの楽園」において、人間が善悪是非の問題に悩まされることはまったくありませんでした。人間は「知」をもたず、まったく「無垢」でした。「知」は、概念化ないし論理を意味します。「エデン」において、人間は生きていて、論理化はしませんでした。概念を構成したりとか、生を人間の作った同一律や矛盾律に適合させようとしたりとか、そんなことに現を抜かすことはありませんでした。この有限な世界の私たちは、この事実を忘れてしまい、絶えず論理の規則に合わせようと努力しています。生を本来的な「無垢」のすがたで理解する新しい形の論理を考案するというよりも、むしろ私たちは生を細切れに切断することによっていのちの流れを止め、その断片の一つひとつを科学的、客観的に研究します。さて、いったんこういう具合になると、私たちは切断された断片を集合することによって本来の形を再現しようとします。私たちはそういう形の再現に成功するかもしれませんが、その本来の形は動こうとはせず、再現した形にはいのちのしるしがほとんど見られません。思想の深い人びとは、このような「窮地」に立って困惑し、概念を積み重ねることによって、死んだものを甦らせようと苦闘しますが、そのような努力はすべて空しく終ります。

　始め無き始めに追放された「エデンの園」を忘れていない宗教的な人びとが、「知」と「無垢」の橋渡しのために踏み込んでくるのは、ここにおいてです。「無垢」は、本当は私たちを去ってはいません。それはまだ人間のこころの内奥に存在しています。「知」がその活動の分限を超えて影響力を駆使しようとすれば、この「無垢」はそのたびごとに自らを再主張します。こうして目覚める宗教意識は、「知」の侵略の発見を深く悲しみ、霊性的苦難のさまざまな段階を通過します。

謙虚な真宗信者である浅原才市の日記帳は、彼が八十二年の生涯にわたって経験した霊性的発達に関するすばらしい文献です。しかし、厳密に言って、その発達そのものを明かすものではありません。なぜならば、その記録は、すでに信心「決定」し、「安心」が得られてから、始まっているからです。それ故、この決定的経験に先行する偉大な霊性的苦闘は描写されていません。才市は、生と論理の間の矛盾のような容易に認められる諸矛盾を克服するために、熾烈な精神的苦闘を経験したに違いありません。しかしながら、往々にして起こることですが、そのような努力の客観的記述のためにその苦戦を中止する余裕は、彼にはありませんでした。

才市は、「論理的葛藤」や「心理的苦難」に関して、自らの素晴らしい霊性的問いとそれに対する答えを本当に謙虚に表現します。次に挙げるのは彼の無数にある歌の二、三の例です。

さいちわ（才市は）どこ（どこに）二をる（おる）
上（浄土）をどもろをて（貰うて）しゃば（娑婆に）二をる（おる）
これがよろこびなむあみだぶつ（南無阿弥陀仏）〈原註1〉〈訳註3〉
よる（夜）ねる（寝る）もひる（昼）のかぎを（稼業）もひとつ（一つ）こと

なむあみだぶとねたりをきたり（寝たり起きたり）〈訳註4〉
よろこびわ（喜びは）もをねん（妄念）とをなじ（同じ）こと〈訳註5〉
いつもくよくよなむあみだぶつ
よろこび（喜び）ざんぎ（慚愧）わ（は）ひとつ（一つ）もの
なむあみだぶつなむあみだぶつ〈訳註6〉

この娑婆（苦悩の世界）はそれ自体阿弥陀の世界であり、阿弥陀の南無阿弥陀仏の世界は彼自身の世界であるという才市の考えは、すばらしいものです。彼の観察のごとく、浄土への最初の入り口は、この苦難の世界以外のどこでもありません。実際、苦悩がなければ、否定し矛盾するものがなければ、それを乗り越えて同一性と調和が統（す）べる別世界を発見したいという願望は、私たちの内に決して目覚めないでしょう。悪の問題というのは、不思議かもしれませんが、事実悪がなければ、いかなる善もあり得ませんし、善の補償がなければ、いかなる悪もあり得ません。善と悪は相互に依存しています。解決は、善悪の中にあってしかも善悪を超えるというところにあります。才市は理屈を言わず、その内面的経験を感じた通りに言います。才市は、恥ずかしくも浅ましくも感じる彼の「妄念」を、彼から取り上げないように阿弥陀に頼みます。なぜなら、彼が言葉を超越した喜びを経験できるのは、そういった「弱点」があればこそだからです。

ここで才市は、自分と阿弥陀の関係を親子関係として経験しており、その阿弥陀という親を、限りなくほしいままにさせ、頼みもしないのに何でもただで与えてくれる親として見ています。才市が阿弥陀に感じる親密性は、超人間的です。それは、二元的存在の限界さえも超えています。しばしば、才市の南無は阿弥陀であり、阿弥陀はその南無、才市は南無阿弥陀仏です。「六字の名号」がすべて、すなわち、それは「我はありのままに在るものなり」です〈訳註7〉。エックハルト流にいえば、それは「神の『ありのまま』(isness)は私の『ありのまま』、私の『ありのまま』は神の『ありのまま』〈訳註8〉」というところに含まれている同一性の経験です。ここでは実に、無学な真宗信者が賢明なキリスト教神学者と握手することができるのです。

私たちはみんな、機械好きな金銭狂とか、「科学者」とか、「客観的な思索家」になってしまう前に、まず人間であることに、したがって自らの人生を生きることに、集中しなければなりません。人間として私たちは、海や山のように「ある」だけではないし、松や竹のように「生長する」だけではないし、鳥のように「飛んだり」犬や猫のように「跳ねる」だけではあり得ません。私たちは人間であるためにはそれ以上のことをしなければなりません。

三、絶対的肯定と究極的実在の発見

才市の自由詩は、概して短いものが多く、ほんの二、三行でできています。彼の学習帖の二、三頁を埋める問答を書くことも、たまにはありました。そういった長い詩は、彼の内面を垣間見させてくれます。理解してもらえるように合理的に表現しようとはするのですが、理屈に訴えようとはしません。次の詩は「対話」であり——あるいは「独白」かもしれないけれども——生死の問題から始まり、理屈ということに触れ、「親」と「子」の関係で終っています。

わしのむ上（無常）（原註2）を（は）　わまだこんか
なむあみだぶ（南無阿弥陀仏）がわしのむ上（無常よ）をよ
さいち（才市）がむ上（無常に）を二（取られておって）とられてをうて
あ（あんな）がなつまらんことをゆてをる（言うておる）
こんなをまいら（おまえ等）がわしがよろこびを
まだしらんこ（知らぬままに）を二（おられるようだな）をんなてや
その正こ二わ（証拠には）二よらい（如来さん）三や
あんらくじ（安楽寺）のをくさん（奥さん）や

きく三(菊さん)やをくぼ三(大久保さん)〈訳註9〉　二(に)とをて(問うて)
みなさいその正二(証には)わしらん(知らん)といいます［これは本当に客観的証拠の得られないことです。それは完全に個人の内面の出来事です。彼らが知らないと認めるのはまさしくこの点です。〈訳註10〉］
そのしらん(知らん)というなか二(中に)せかい(世界)のよをな(ような)
をゝけな(大きな)よろこびをもうて(持って)をります(おります)
これがなむあみだぶて(で)あります〈原註3〉
こんなさいちがまたあがな(あんな)つまらんことをゆうか
へ(はい)それぐらいなことわ(は)しいて(知って)をります(おります)よ
それわ(は)どをして(どうして)わかるか
へ(はい)それわ(は)あなたらわ(は)しるまいが二よらいとひとし(如来とひとし)と
ときた(説きたまふ)もとゆうてありますよ〈訳註11〉
それわ(は)どを(どういう)ゆことかこんなさいち(才市)よ
わし二(に)もきかせて(聞かせて)ごせん(くれん)かい
へ(はい)きかせま正(聞かせましょう)それだがあなたら二(に)
こがな(こんな)ことゆうてもあかる(解る?)まい
こんなさいちよい(才市よい)をまい(お前)もきいてわかうた(解った)であろ
へ(はい)きいた(聞いた)じやわかりません

きいたのわ（聞いたのは）りくつ（理屈）（原註4）が　りくつ（理屈）がそい（添い）ますよ
こんなさいち（才市）をまい（お前は）わど（どう）をしてわかうた（解った）か
へ（はい）わたしわ（は）な二よらい三（如来さん）がこのさいちが（才市の）こころ二（心に）さき二（先に）いりて（入って）
くださうてをる（下さっておる）ことがわかりませんこれのわかうた（解った）のわ（は）りくつ（理屈）であります
そのりくつ（理屈）とゆうことわ（は）ど（どう）をゆうことがりくつ（理屈）か
それをきかせてこしなさい（聞かせて下さい）
へ（はい）きかせま正（聞かせましょう）（原註5）
こんなさいちよ（才市よ）それわ（は）をまい（お前）のがりくつ（理屈）でわ（は）ないか
そをそを（そうそう）わしがきいたな（聞いたのは）みなりくつ（理屈）
こんなさいちよ（才市よ）きいた（聞いた）がりくつ（理屈）それがわしわ（は）わからんよ
そのりくつ二わ（理屈には）ど（どう）をしたらはなれる（離れる）であろなか（かな？）
わしがほを（方）からはなれるじ（離れるじゃ）ない
まい（前）ゆうたとをり（言うた通り）仁よらい三（如来さん）の
わしのくらめ（暗め）のりくつ（理屈）のこころ二（こころに）
いりて（入りて）てらし（照らし）なさりてくださることを
しんじん（信心）をもうて（もって）ほん（本）とすると
正二ん（聖人）いちりゆ（一流）のごぶん正さま（御文章様）〈訳註12〉　二（に）もあります

その正二んいちりゅ（聖人一流）ということわ（は）どをゆ（どういう）ことか
きかせて（聞かせて）くださりませ
をまい（お前）のよを（ように）二ゆうちや（ゆうては）きりやない（きりはない）
それでもをまい（お前）わからぬ二（解らないのに）とわ二（問わねば）わかるまい
そをそを（そうそう）そりやな正二んいちりゅ（聖人一流）とゆうことわ（は）
なむあみだぶとゆうことよ
こんなさいちさんよ（才市さんよ）それでもまんな（まだ）わからんよ
をまいわ（お前は）をや（親）があろを（あろう）が
うんをや（親）がある
をや（親）ををや（親）としるばか（知るばっかし）うし（で）てあろをかの（あろうがの）
そりやをまい（お前）こがな（こんな）みやすい（易しい）ことわ（は）ないよの
そのをや（親）のごしご（ご守護）二（に）をたて（会うたで）
をや（親）がわかうた（解った）よな（ような）ものでの
こんどのご正わの（今度の後生はの）しずむ（沈む）わたしをなむあみだぶの
をやさま（親さま）二（に）とられまかれてをる（取られ巻かれておる）ことを
しらせて（知らせて）もらうのがなむあみだぶと
しられたのが（知られたのが）なむあみだぶよの〈訳註13〉

哲学者であれば疑いなく、この問答のこれらの主題について、深遠な内容の大きな本を書くことでしょうが、たとえそういう本を読んだとしても、私たちはしかし以前と同様に無知であるかあるいは賢明であるか、依然として何も変わらぬままでしょう。なぜなら、これらの問題は個々人が自分自身で現実的に解決すべきものだからです。この点、才市は、ほとんどの哲学者や神学者や碩学たちより遥かに立派な教師です。真宗信者である才市は、名号とか阿弥陀などの真宗用語を使いますが、六字名号は彼にとって特別な意味があります。それは、絶対的肯定であり、究極的実在であり、否定的表現では、般若哲学の「空」であるからです。すべての議論はここで終焉します。それを素手で掴(つか)めば、私たちは「安心」が得られます。才市がどれほど南無阿弥陀仏にぞっこんであったかを示すために、彼の歌をもう少し付け加えましょう。

いま（今）がいま（今）くる（来る）なむあみだぶつ
なむあみだぶつがいまのいま（今の今）なり
なむあみだぶつ〈訳註14〉

よる（夜）のよなか（夜中）も
ひる（昼）のなかも
ほとけ（仏）のいけりて（湯気立ちて）〈訳註15〉

ほやほやと〈訳註16〉
しやば（娑婆）のせかい（世界）も
あみだ（阿弥陀）のせかい（世界）
わしがせかい（世界）で
なむあみだぶつ〈訳註17〉

さいちよい（才市よい）な二（何）がいちばん（一番）らくな（楽な）かい
へ（はい）わたしなねぶたい（眠たい）とき二（時に）ねる（寝る）が
いちばん（一番）らく二（楽に）あります
あんじん（安心）わ（は）まだらく二（楽に）あります
たのしみ（楽しみ）がそをて（添うて）をり（おり）ます
ほとけ（仏）のあんじん（安心）なむあみだぶつ〈訳註18〉

（原　註）

（1）浄土諸宗で行われる阿弥陀への祈願の言葉、「阿弥陀仏への呼びかけ」。「南無阿弥陀仏」の六字名号としても知られており、時には、究極的真実ないし救済の具現として、神秘的意義が生じる。

（2）ここで「end（終り）」と英訳したのは、もとの日本語は「無常」であり、文字通り「永遠でない」の意、日常的には「死」の意味で使われる。才市の場合は、南無阿弥陀仏というたびに死んで、しかもなお生きるのである。才市に死はない。なぜならば、南無阿弥陀仏は、無常の運命に従属していないからである。それは、無限そのもの、永遠そのものである。「南無阿弥陀仏」と一つになって、彼は永遠に生き続ける。このように阿弥陀の名を究極的実在と同一視することは理解しがたいかもしれないが、妙好人の信仰の真実のいのちは、この同一性を直感するのであって、それを概念的に把握するのではない。おそらくは才市がその友人もしくはその友人たちと交わしたこの問答は、そのような同一性の真実ないし事実をめぐっての対話である。

（3）ここで才市が言いたいのは、全世界ほど大きく限りないその内面の喜びは客観的に証明できるものではないということ、そしてその喜びは南無阿弥陀仏にほかならないということである。

（4）ここで才市が表現したいのは、次のようなことであろう。理屈は知の領域に属しており、その知は見たり聞いたりの感覚に基づいている。しかし、霊性的経験は、内面的感情というか主観的感性であり、知的には捉えられない内なる源泉から出てくる。しかし、ややもすれば、人は理屈がすべてであると思うようになって、そこで道を踏み外してしまう。それ故、理屈は避けるべきである。これは、宗教的意識の成熟において、非常に微妙な点である。才市は内面的にはこの事実に気付いているが、それに対して客観的に適切な説明を与えることはできない。しかしながら、才市の書きとめようとしたことは、だからこそ一層大事なのである。

（5）理屈に関するこれ以上の説明は、才市の書き物のこの部分では省略されている。才市は友人達に、説教で聞いた何らかの説明を告げたもののようである。

〈訳者註〉

〈1〉『庄松ありのままの記』の第二話。庄松の言葉の原文は「おまえ達が落てゆく真似ぢゃ〱」。水上勉・佐藤平編『大乗仏典―中国・日本編―第28巻』（一九八七年、中央公論社）一二三～一二四頁。

〈2〉『庄松ありのままの記』の第四三話。庄松の言葉の原文は「やれ〱親様も御すずしかろふ」。水上勉・佐藤平編『大乗仏典―中国・日本編―第28巻』（一九八七年、中央公論社）一四一頁。

〈3〉鈴木大拙編著『妙好人浅原才市集』（春秋社、一九六七年）一九七頁。

〈4〉鈴木大拙編著『妙好人浅原才市集』一七八頁。

〈5〉鈴木大拙編著『妙好人浅原才市集』一七八頁。

〈6〉鈴木大拙編著『妙好人浅原才市集』一七八～一七九頁。

〈7〉「我はありのままに在るものなり」の原文は"I am that I am"。ここの文脈を考慮に入れての和訳。鈴木大拙のここでの解説を見ると、Eckhart の"isness"（ありのまま）を重視し評価している。それは、鈴木大拙の表現でいえば"as-it-is-ness"であり、仏教一般でいえば「如」ないし「ありのまま」の思想である。

〈8〉「神のありのままは私のありのままである」の原文"God's is-ness is my is-ness"は、*Meister Eckhart -A modern translation* by Raymond B. Blakney-, Harper Torchbooks, Newyork, 1941, p. 180 に見出せる。Josef Quint の現代ドイツ語訳、*Meister Eckhart - Deutsche Predigten und Traktate* -, Carl Hanser Verlag, Munchen, 1963, p. 184 には"Gotttes Wesenheit (ist) meine Wesenheit"とある。

〈9〉これら三人の人びとは、同一信心の人として才市が尊敬していた近隣の同行である。「あんらくじのをくさん」は、安楽寺住職梅田謙敬師の妻、梅田さよで、有名な島村抱月の妹にあたる。「きくさん」は、小浜に住んでいた同行の林きく。「をくぼさん」は、同じく小浜の同行の大久保あさの。

〈10〉「これは本当に客観的証拠の得られないことです。それは完全に個人の内面の出来事です。彼らが知らないと認めるのはまさしくこの点です」という文章は、この詩を英訳した時に鈴木大拙が多大な共感を持って付け足した補完的説明文である。才市の言わんとするところは、この補足でより明瞭になっている。

〈11〉「如来とひとしと説きたまふ」というのは、親鸞聖人の『浄土和讃』の一首に「信心よろこぶそのひとを　如来とひとしとときたまふ　大信心は仏性なり　仏性すなはち如来なり」（『真宗聖教全書』第二巻、四九七頁）とあって、その中の第二行にあたる。

〈12〉「聖人一流」の御文章は、蓮如上人『御文』の五帖目第十通。そこに「如来聖人の御勧化のおもむきは信心をもって本とせられ候」（『真宗聖教全書』第三巻、五〇七頁）とある。才市は、前出の親鸞聖人『和讃』や蓮如上人『御文』等、仮名の付いた聖教を、繰り返し読んで、深く理解していた。

〈13〉鈴木大拙編著『妙好人浅原才市集』一七四～一七六頁。

〈14〉鈴木大拙編著『妙好人浅原才市集』三八五頁。

〈15〉「いけりて」は方言で「湯気が立って」の意。

〈16〉鈴木大拙編著『妙好人浅原才市集』一六五頁。

〈17〉鈴木大拙編著『妙好人浅原才市集』一六五頁。

〈18〉鈴木大拙編著『妙好人浅原才市集』三八五頁。

Ⅳ

英訳『教行信証』への序（未完）〈訳註1〉

（編者まえがき）

この論文は一九七三年七月に出版が予定されている親鸞『教行信証』の著者の英訳への序文として使われる予定でした。一九六六年の著者の急逝はその原稿を未完のまま残すことになったので、最初の計画は断念されました。この度は、残されたままの未完成な形での上梓となり、編集者は仮の題名を付けるとともに、編集上の僅かな改訂とフットノートを施しました。これの使用許可について松ヶ岡文庫に感謝の意を表したいと思います。

一、阿弥陀仏と極楽浄土の建立

真宗（Shin Buddhism）は、日本語の公式名は浄土真宗、「浄土の真実の宗派」という意味です。これは、今日では広くテラヴァーダ（上座部）の名で知られる小乗仏教とは違う、大乗仏教の核心をなす思想の日本における独特な発展であります。その日本独特の発展は鎌倉時代（一一八五～一三三三）に興りました。真宗の開祖は親鸞（一一七三～一二六二）です。

法然という名でより広く知られている源空（一一三三〜一二一二）は、浄土教の普及に専念した最初の人です。法然の流派は浄土宗です。この教えは、もともと日本では源信（九四二〜一〇一七）の指導で始まりました。源信はその基本的教理を『往生要集』に著しました。源信がこれを書き終えたのは九八六年、彼が四十四歳の時でした。法然が彼を継承し、その著書『選択本願念仏集』において浄土の思想をさらに発展させました。その書写が親鸞に授けられたのは、おそらくは法然が親鸞を自分の教えの真の理解者だと思ったからでしょう。

親鸞はその後、法然の浄土往生の思想を更に発展させる本〈訳註2〉を書きました。彼は自説を師法然の興隆した教義の「真の」〈訳註3〉解釈であると断言しました。親鸞の弟子たちは浄土真宗と自称する独立の宗門を設立しましたが、それが後には短縮されて、「真宗」——真実の宗——と呼ばれるようになったのです。今やそれが英語ではShin Buddhismという名でいきわたり始めています。

こうして、元来の浄土教から分派した宗門の一つとして、真宗は、その教理のすべてを浄土三部経に説かれているアミターブハ（Amitābha 日本語では阿弥陀）の物語に基づいて構築しています。

（1）『無量寿経』二五二年、康僧鎧漢訳。
（2）『観無量寿経』四二四年、畺良耶舎漢訳。
（3）『阿弥陀経』四〇二年、鳩摩羅什漢訳。

阿弥陀如来の物語というのは法蔵菩薩の話で、『無量寿経』には次のように説かれています。

錠光が、一切衆生をさとりの生に導くために無量劫の昔にこの世に現れた最初の仏でした。その後次々に五十以上の仏が現れて、そのすべてが一切衆生を開化する仕事に携わりました。

世自在王という名の仏が現れたとき、諸仏の説く妙法を学びたいと思い、この世の地位を棄てて比丘になった王（法蔵比丘）がいました。彼は世自在王仏のところに行き、私は仏になって自分のところに来る一切衆生のためにあらゆる意味で比較を絶した自分自身の王国を建設したいのですと、自らの真剣な願望を表白しました。それは、すべての衆生が私の慈悲の教えによって平等に利せられ、ついには「無上覚」が得られるような国です。法蔵比丘はさらに、一切衆生を平等に開化するという目的を達成するためにしなければならない修行はすべて成し遂げますという誓願（*pranidhāna* プラニダーナ）を表白しました。慈悲溢れる驚くべき着想の実現に必要な環境を創造するために、法蔵比丘は時の果てるまで倦むことなく無尽蔵な功徳を集積しますと誓いました。

そのとき、世自在王仏は法蔵比丘にありとあらゆる国土を見せ、それらをいかに成熟させるかを教えました。そこで、法蔵は、自らを完成し仏と成るために、そして、すべての衆生が往生してさとりを開き永遠な安楽を得ることができるような浄土の建設に必要なすべての手段を尽くすために、五劫のあいだ思惟し、峻烈な苦行に励みました。

それに取り掛かった法蔵は、世自在王仏に「たとえ大海であっても、永遠に終り無き終りまで続けることを決心するならば、海水を一杯ずつ汲み出すことによって底まで汲み尽すことができるのだよ」と激励されます。これは、尋常ならぬ言葉です。したがって、もしも法蔵の決意が、その絶対意志というか大悲心〈訳註4〉と完全に一致していなければ、たとえそのような願いがあったとしても、彼はその願い〈訳註5〉（祈り）の幸運な達成をけっして期待することはできません。

『大経』は、法蔵の願いとして四十八項目を挙げています。日本語の術語としては、法蔵の「誓願」とか、単に「願」となっています。その四十八の願いは、「重誓偈」〈訳註6〉の要約では、次のように誓われています。

「誓願の要約」（重誓偈）

（1）私はいま世を超えた願いを建てる
それは必ずや無上道を得させてくれるだろう
もし私の願いが成就しなければ
私はけっして正覚を取るまい

（2）もし私が無量劫を経て
大施主となり
貧苦の人びとをすべてたすけ得るのでなければ
私はけっして正覚を取るまい

（3）ついに私が仏道に達するとき
私の名が十方世界に響き渡り
聞けない人が一人もないようになるのでなければ

私はけっして正覚を取るまい
（4）貪欲を離れて深く正念を懐き
清浄な智慧に導かれてけがれなく生きる修行をし
常に無上道を求めて
神々と人びとの師となろう
（5）神通力によって大光明を現し
限り無き国土を普く照らし
三つの罪〈訳註7〉の暗闇を消し去り
苦悩する一切衆生の平等な救済者となろう
（6）一切衆生が智慧の眼を開き
無知の闇を滅除するのをたすけよう
もろもろの悪道を閉じて
善に趣く門を開こう
（7）この仕事が完全に終るときは
堂々たる光が十方世界に輝きわたり
太陽や月の光さえも暗くなるほど
その他の天体はいわずもがな

(8) 一切衆生のため法の蔵が開かれ
すべての功徳の宝が広く施されるだろう
大衆の中に出て行って
私はつねに法を獅子吼する
(9) すべての仏に敬意を表して
功徳の根はすべて円熟
願いと智慧が完成し
私は三界で最高の勇者となるだろう
(10) 仏の障りなき智慧のごとく
すべてに浸透しすべてを照らし
私の功徳の智慧の力は
この世の最勝尊と等しくなるであろう
(11) 私の願いがついに結実するときには
三千大千世界が反響して
虚空を満たすすべての神々と人びとが
絶妙希有の花々を降らすであろう

この法蔵菩薩の話を続けましょう。

阿難は釈迦牟尼仏に問いました。

「法蔵菩薩は、連れて行くすべての信者が遂には無上覚をさとれるようになる浄土の建立を完成したのですか。なぜなら、菩薩は、そのためにこそ、全存在の意志力のすべてを尽くして、極めて多くの無量劫の修行を経てきたのですから。菩薩の安楽土はもう存在しているのですか。もしそうなら、どこにあり、どのようになっているのですか」と。

仏は答えました。

「何人も凌駕できぬ彼の菩薩の尽きせぬ忍耐（kṣānti）と倦くことなき努力（vīrya）によってこの国土が出来上がってから、いまや十無量劫になります。それは、この人間の国土（sahā-loka-dhātu 娑婆世界）から十万億の国々を隔てた西方に位置しています。それは、筆舌に尽くせぬあらゆる種の完成品で荘厳（vyūha）されています」と。

次に『大経』の編者は、その知識と想像力の限界内で最善の努力を尽して、浄土の住人の生活を内側からも外側からも包んでいる、美しく調和し清らかに輝く光景を、私たちのために描写しています。いまや、アミターブハブッダ（もしくは、アミターユスブッダ[〈訳註8〉]）という名になった法蔵菩薩が、彼の大悲心と不動の意志力の結果としてできたこの安楽浄土の主です。サンスクリットのアミターブハは、「無限の光」を意味し、アミターユスは「永遠のいのち」を意味します。その国に住する資格のある者は皆いずれも創造者自身と同じ性格を帯びます。阿弥陀の国土は、限りない不思議に満ちています。限定的存在である私たちは、一度この国に入れてもらうのでなければ、有限にしてさまざまな制限のあるこの世界の恐怖や不安や悲惨や懊悩のすべてから、自由になった生活を経験することはできません。

ここで最も強く私たちの関心を惹くのは、『教行信証』の著者である浄土真宗の開祖、親鸞聖人の場合もそうであったように、浄土そのものの叙述ではなく、私たちを浄土に導くてだて、つまりこの世にいる限り、常時私たちを苦しめ続けるあらゆる種の不安や不確実性から、私たちを自由にする方法であります。浄土そのものの叙述よりもその方が、私たち人間に対して、より個人的に、より直接的に、より強烈に影響を及ぼすのです。ではそのさとりと救済の方法というのはいったいどんなものでしょうか。

第十八願は、浄土系の宗派が四十八願中から最も重要な提言として特別に選び出した願であり、たとえ一度だけでもまったく信じきって至心に阿弥陀仏の名を称えれば（称名）、つまりこの仏を憶念すれば（念仏）、それだけで阿弥陀仏の国に生れることをその信者たちに保証します。

この願は信者には極めて簡単かつ容易に聞こえるかもしれません。しかしその根底にあるものを厳密に調べてみると、そこには私たちの存在の基底そのものを構成している思想が深く埋蔵されているのです。では、その思想というのはいったいどんなものでしょうか。

二、法蔵の菩薩性と本願の意味

始めなき始めに「存在」があります。それは「思想」であり、「実在」であります。仏教哲学者はそれを「無法の法」と呼びます。あるいはただ単に「これ」とか「それ」といいます。仏教徒は普通それを仏とか如来と人格的に呼ぶことを好みます。そういう人格的な仏は、「存在する神」とか、「我は在りのままに在るものなり」とか、〈訳註9〉あるいは短く「我は在るなり」に対応すると考えられるかもしれません。

しかしながら、真相をいえば、抽象的であれ、具体的であれ、あるいは人格的であれ、何らかの意味で、私たちが「それ」を名づけようとするや否や、「それ」はそれ自身であることを止め、人間的思考の段階にまで引き下げられてしまうのです。これは不可避です。なぜならば、回転したことのない神秘の輪を始動させるのは私たちだからです。その神秘の輪の運動というのは、「存在するもの」と「存在しないもの」の二分化のことです。「唯一者」がその座より降りて、私たちは、主観と客観を、これとあれを、知性と業的因縁（hete-pratyaya）の世界をもつことになります。

私たちにはいまや、阿弥陀仏と法蔵菩薩と一切衆生がいます。阿弥陀は無限の光と永遠のいのちの仏であり、法蔵はさとりと愛の菩薩であり、そして一切衆生とは、無知の深淵で苦悶し、不安と恐怖の地獄から脱け出そうと苦闘している私たち人間です。

これは、あたかも語り手が超時間的生を生きているかのように、「始めなき始め」から出発して歴史を「年代記的に」叙述する方法であります。しかしながら実のところ、私たちはみんなこの瞬間を実存的に生きているのです。ですから、私たちは「今—ここ」を出発点と定め、いわば「逆行的に」阿弥陀を考えるのが一番いいのです。すると私たちは、自分で自分を矛盾の迷宮に巻き込んでいる不思議な存在であることを発見します。私たちは、個人主義的で我を張り横暴になりがちであると同時に、私たちはまた自分から出て行って、ただ人を助けたいという理由だけで、自己を犠牲にしてまでも他者を助けたいと思います。利己的攻撃と自己否定があい並んで現れ、しかもこの矛盾は私たちの存在の根底にあるのです。なぜなら、「自己が存在する」というのは単にそれだけではなく、実際には「非自己が存在する」でもあるからです。

その理由は、私たちの存在は有限と無限で成っているからであります。個々人は、その有限性の故に自己中心的であり、その無限性の故に自分を破って自分を超えたものと結びつくのです。〈訳註10〉愛がいかなる限定にも閉じ込められないのは、愛の本性のためです。愛は無限そのものであり、業縁の束縛を超えていきます。

この真実は法蔵菩薩の菩薩性に表れています。過去現在未来のあらゆる仏を代表する世自在王仏の前で、法蔵菩薩はその願いを表白します。〈訳註11〉数としては四十八項目に分けて表明していますが、本当は人間の計算を超えた無量の願いです。願（祈り）とは、自分を超えて無限なものと一つになりたいという人間的願望の表明にほかなりません。

願の本質は、それ故、一切衆生を無明の闇から出して無上覚を体得させるところにあるのです。しかしながら、法蔵菩薩は、業縁の法則に従って、いかに長くかかろうとも、自らの自己犠牲的苦行によって一切衆生に可能となる最も容易な行によって、彼らが生れ変わることのできる彼らにとって快適な環境を創設するまでは、あらゆる苦行を貫徹したいと思います。なぜなら、もともとはありとあらゆるものの根源から出てきている法蔵菩薩の願は、自己実現の力を持っているからです。菩薩は自分の内に永遠のいのちを宿しています。この菩薩がただ真実にひたすら信じているところから出てくるものはすべて、その過程が計り知れぬほど長くかかろうとも、それ故必ずや実を結ぶことになるのです。願は菩薩自身であり、そして菩薩自身は最上仏の法の化身にほかなりません。始めなき始めよりこのかた、計りしれない数の諸仏が、これもまた計りしれない数の衆生を、さとりに導くために現れました。それらの諸仏が皆いまやひとりの人として法蔵菩薩の体内〈訳註12〉に働いているのです。法蔵菩薩は、いまや謙虚な一個人として、事実私達人間の一人として、世自在王仏の前に現れているのですが、この菩薩は、あらゆるものの始めなき始めに「存在する一者」と同一な無上仏自身に等しいのです。法蔵菩薩はそのままで阿弥陀仏、その内には過去現在未来のすべての仏が一仏として具現しています。そして阿弥陀は、決して無上仏としての座を去りはしないが、一切衆生を最終的さとりに導く仕事に積極的に従事しています。法蔵菩薩は阿弥陀仏であり、阿弥陀仏は法蔵菩薩です。実際に仏と菩薩の間に差別はありません。「唯一なるもの」が、ただ私達人間の理解の仕方に応じて、二つに現じているのです。こうして阿弥陀仏は、特殊な環境に対して必要な形をとりながら、十方世界のいたるところに同時に現れます。

こういう観点からすれば、法蔵菩薩は一切衆生のために自分自身の修行をする段階を経験しているのです。法蔵菩薩は多分、無上覚を得て阿弥陀仏として安楽国土に静かに満足して落ち着くということはしないでしょう。むしろ法蔵菩薩はいつまでも、一切衆生のさとりの達成が保証されるまでは、自らの菩薩性を保持したいと願っています。法蔵菩薩自身の最終段階への到達は、一切衆生がそこに達するその瞬間に可能となるのでしょう。無上覚というのは、この菩薩自身を含めて一切の衆生がそれを証するまでは、実現できないものであるといえるかもしれません。あるいは、この菩薩に無上覚を達成させるのは我われ自身なのだともいえます。あるいは、この菩薩は、私達自身が無上覚を達成するまで、自らの無上覚達成を待つのである、といった方がいいかもしれません。なぜならば、法蔵菩薩は、彼の最も深い至誠の祈りと愛の対象である私達と一緒に、無上覚の利益を分かち合いたいと思っているからです。

阿弥陀仏と法蔵菩薩を区別しない方がよいというのは、このような観点からです。計り知れない量の修行をしている間も、法蔵菩薩はすでに阿弥陀仏そのものです。仏性というのは、菩薩が学習期間を終える時に授かる報償というような性格のものではありません。仏性はすでに、菩薩が愛と自己犠牲の生活で練成しているとき、そのあらゆる活動を通して輝き出ています。菩薩は、私どもには一菩薩に見えるのですが、仏陀そのものです。なぜならば、そのような能力があればこそ、法蔵菩薩は、厳しい修行の一切の艱難をその肩に背負って私たちのためにはたらき、そのようにして集積した功徳を私たち一切衆生に廻向し、私たちすべてが無上覚を達成できるようにすることができるのです。

実にこの目的を達成せんがために、阿弥陀は法蔵菩薩に化身し、その浄土に生れる「易行」を私たちに教えます。「易行」というのは、「真理」そのものが名号という「名」に転化したという意味です。「無限な光」と「永遠ないのち」の仏、阿弥陀仏が自らを名号に転化したのであって、これは実体から抽象された単なる概念ではなく、南無阿弥陀仏という六字の名号に具体化した、生きてはたらく実在そのものです。これは、称えればこの世ならぬ妖怪が目の前に現れるおまじないというかマントラのようなもののように聞こえるかもしれません。しかしここで私たちの関心事となっている名号は、絶妙不可思議な霊的実在であり、真心こめて信じきって称えれば、私たちの存在のただ中に潜入して、ただちに私たちを阿弥陀仏のみ前に運ぶのです。

二、阿弥陀仏の大慈悲による往還の円環運動

上述は、法蔵菩薩と阿弥陀仏の関係に関する実地上の所見であって、一方を修行の段階にあるものとし、他方を前者の行業の果であるとする両者間の区別は無視されています。しかしながら概念的には、阿弥陀を絶対的中心に配置しておいて、法蔵菩薩は、すでにその修行期間の終りにある菩薩であり、仏性の変化身として私たちを無上覚に導かんとしているのだと考えるのが、私たちの合理的な状況判断の習慣からすれば、おそらく最もわかりやすい説明となるでしょう。この人間的な理解の仕方

によって、私たちは阿弥陀仏のはたらきに往還の円環的なものがあることを観察します。

さて、ここで注意を阿弥陀自身に向け、阿弥陀仏がどれほど力強く衆生に関係しているかを見てみましょう。阿弥陀仏は、人格としては、一切衆生のために功徳のたくわえを集積すべく、自己完成のわざに深く関わっている法蔵菩薩であります。この功徳のたくわえは、これから衆生をさとりの覚醒に導くのに最も効果的なはたらきをする名号に蓄積されるのです。この不思議な出来事の活動力は、往還の円環的運動を生み出す阿弥陀の大悲から来ています。往相廻向と呼ばれる往の運動が衆生に及んで浄土に向かわせるのに対し、還の運動は、いったんさとりに目覚めたものたちをして、有限にして制限のあるこの娑婆世界の同朋のところへ帰りたいと思わせるのです。これは、術語としては還相廻向という名で知られています。

このようにして私たちは、阿弥陀仏から出てくる平等な救済の運動は円環的であることを知ります。つまり、阿弥陀から出てくるものは衆生を通して阿弥陀に帰るのであり、衆生が阿弥陀から得るものはもう一度阿弥陀に帰るのです。言い換えるなら、衆生が自分自身の徳によって自分の内から出てきていると想っているものは、実は彼らが阿弥陀仏の「無限な光」と「永遠ないのち」から受け取ったものです。さとりを目指している衆生は、実は自分の故郷に帰ろうとしているのです。ですから、阿弥陀は彼らの「親さま」です。

「人間の窮地は神の好機である」。人間はあらゆる意味で限定され有限であるのに、神はまったくこれを超えています。阿弥陀仏は、無限にして永遠、無礙にして自由、そしてまったく創造的です。私たちが窮地に至ってその先を見ると、彼方にあるのは、「混沌の虚空」ではなく、虚無でもなく、絶望でもなく、「すべての希望の断念」でもなく、まったくのゼロでも、地獄でもないことが解ります。人間の窮地の彼方にあるのは、むしろ無限な可能性の「蔵（アーラヤ）」であり、「万徳（プンヤアサムクフヤ）」の完成です。〈訳註13〉そこで私たちは飛躍を果たすのですが、それは前進的飛躍（竪超）ではなく、横ざまの飛躍（横超）〈訳註14〉です。それは、私たちが有限な存在の領域では経験したことのない精神圏への参入であって、この相対の世界では夢に見ることもできなかったような境地に生れることなのです。実存主義者たちは、超えて行けないと想う最後の否定に到達します。なぜなら、彼らの論理ないし弁証法が彼らにそういうからです。実存主義者たちは、彼らの最後の否定が絶対的肯定そのものであるという事実に、そして彼らが経験してきてもはや無用であると思っているすべての否定が、実際にはこの絶対的肯定そのものの中で、秩序よく、安らかに、まったく静かに、保持されているという事実に気付いていないのです。哲学者や論理学者一般に欠けているのは、「至心に信じきっている」という、人としての内面の質というか徳であります。知的誠意は十分に持っているかもしれないが、残念なことに彼らは自分の知性が最高のものでそれ以上はないと考えるのです。彼らは、彼らにそう考えさせる何かの存在に気付いていません。彼らは、思想家が、人が、絶対的「主体」がいることを忘れています。彼らは、自分自身に向かって逆方向に、内へと歩むことを忘れており、内ではなしに外に何かがあると想像して、ただ前方を見続けるばかりです。直面していると思う「何か」が、あるいは「無」が、実は彼ら自身の内にあるということに気付いていないのです。あるいは、彼ら自身が

「それ」であることに気付いていないと言った方がよいかもしれません。人が自分自身を二分して、「内」を背後に残して自分の外に立ち続ける限り、決して自分の「自己」ではありえません。「真実である」ということは、存在全体を放下すること、死んで生きること、磔にされて復活することを意味します。これは、私たち人間に経験できる最高の神秘です。これは浄土真宗では、阿弥陀「廻向」の経験として知られ、阿弥陀仏から流れ出て人間に与えられる何かです。

知的二元論者たち、ないし二分法論者たちのもつ問題点は、必死に求めている究極的決着を先の方に外向きに探すという彼らの性癖の故に、自分が求めてきたものは、自分では解らないけれども、実はすでにそこにあるのだという事実を、内に方向転換して理解することができないのです。別な言い方をすれば、彼らの内に住むこの無視された「他人」は、最高の慈愛を注ぎ続けながら、まったく変わることなく、彼らを追い駆けてきているのです。実はそれは、「他人」でも「よそ人」でもなく、その人本来の内奥の「自己」なのです。私たちがそれに特別な名を与えて阿弥陀とか他力と呼ぶのは、ただ私たちの日常の知性的世界解釈法のためです。私たちはまったく有限で自己限定的であるのに対して、阿弥陀は私たち自身とは違って無限の価値であるという主張があります。しかしながら、本当のところを言えば、内を向くや否や私たちは、いかに微かであろうとも、無限なるものに気付くのです。そして、自己の内なる阿弥陀の現在、もしくはその参入に触発されて、私たちは自分自身が有限であることを認識するのです。それ故、真宗の信者は、「他力」の支持者と呼ばれます。この「他力」はまた「本願力」として知られています。〈訳註15〉

四、有限から無限に超える横超

阿弥陀の「無限な光」の光線は、一直線に出て行くのではなく円環的であり、いったん信者に到達するとその人を自分のところに連れ戻します。この出来事は、信者には「飛躍」として経験されます。しかしながらこの飛躍は、間隙を越える普通の飛躍ではありません。ある段階ないし水準から他のそれへと超えるのです。それは、専門分野では、有限なものから無限なものへ「横さまに超えること」（横超）として知られています。その飛躍経験は、「阿弥陀の国土への往生が決まっている人びとの仲間に正式に加わること」（入正定聚）であるといわれ、そこに行けばついには無上覚を得ることになります。

この飛躍経験はまた、「阿弥陀の名を称えること」（称名）としても知られています。この経験は、信者が人生の危機に際して、いまや自分の決断を下さねばならないのだと感じるその時に起こるのです。彼はその全存在を門に向かって投げうつのです。すると、驚くなかれ、「門はあなたに開かれている」のです。その開門は阿弥陀仏の名を称える称名です。

称名は、単に唇を動かすことではありません。危機における決断は、身も心も打ち込んで、あなたの全存在をもって下され、そこには何も残らない。あなたは無であり、あなたは名号そのものです。名号を称えているのは、あなたではなくて、名号そのもの、南無阿弥陀仏です。

ここで「名」ということについて少し述べておく必要があるかもしれません。名の濫用ということが極めて普通になっており、私たちは、対象は名づけられて存在することになるという真理を忘れがちです。対象は名づけられない限り、実際には存在しません。なぜなら、私たちはそれを考慮に入れることができないからです。つまり、それは意義を持たないのです。しかし、対象を十分に評価して正しい名を付けるなら、それは実在そのものと一緒です。悪霊がその名を知られたくないと思うのは、そういう理由からです。もしあなたがその名を知れば、悪霊はいつでもあなたの意のままです。あなたは悪霊を好きなように使うことができます。薔薇はどんな名で呼ばれても芳しいという人びとがいるかもしれない〈訳註16〉。しかしそれは真実ではありません。もし醜い名で呼ばれたら、薔薇はその美と芳香を失います。それ故、孔子は、対象をあるべきように用いんとすれば、その対象に対して正しい名を選ぶべきだ〈訳註17〉と教えます。そうすれば、名は実在そのものであり、そのすべての力を具え、その十分な意義を満たし、その十分な効力を発揮するのです。

これは、阿弥陀の名号の場合、まさにその通りです。信者が阿弥陀の光明に目覚めるとき、その人に当たる光は「無限な光」であり、それは何か本当に不思議なものを産み出します。なぜなら、永遠そのものである一瞬に信者が飛躍を成し遂げるのは、まさにその時なのですから。しかしながら、これはまた同時に、私たちの分別心〈訳註18〉が割り込んできて、名を呼ぶことあるいは名を称えることがすべてであって、それは阿弥陀の側でなされる奇跡であると私たちに思わせる瞬間でもあります。これは、経験の裏打ちのない概念化が、人間の宗教生活にとって、最も大きな危険になるところです。

阿弥陀は第十七願〈訳註19〉において、もし私の名がすべての仏国に行き渡って、そこの住人のすべてに聞かれることがないならば、私は無上覚を取るまいとその決心を表明します。阿弥陀の名号は、その名声とはまったく関係ありません。名号は、真実そのものであり、具わるべき徳と価値をすべて具えています。だからこそ、「飛躍」という不可思議な経験があるのであって、それは阿弥陀の「廻向」というはたらきの所産です。

五、阿弥陀仏と一体の凡夫の発見

浄土門の教説を理解するためには、阿弥陀と衆生の関係の根底にあるものを知らねばなりません。阿弥陀を私達に結び付けているのは何でしょうか。自らの無上覚の成就を賭けて誓うほど強く、私達をこの世のすべての悲惨から開放してやりたいと阿弥陀に思わせるものは、いったい何なのでしょうか。

阿弥陀の大智は、あらゆる種の矛盾を超えています。その「無限な光」は地獄の只中まで届きます。同時に、阿弥陀は大悲の具現であって、一切衆生を自分自身の子のように感じるのです。それゆえ、阿弥陀は化身して一切衆生〈訳註20〉の中に法蔵菩薩として現れ、世自在王仏の前でその四十八の願を表明し、五無量劫もの長きにわたり道徳的宗教的苦行に打ち込むことによって、この大悲の具現であるという事実を証明するのです。だから、法蔵菩薩は、私たちのうちの一人として、私たちにとって近づきやすい存在となります。法蔵菩薩と一切衆生の間には、一種の人間関係があります。菩薩は有限な衆生の段階まである意味降りて来て、彼らを完全に理解し彼らがさとりに至るための最善の方法（善巧方便）を見出さんがために、彼らの苦悩や悲哀や艱難のすべてを分かち合います。

衆生にとって阿弥陀は、天国かどこか到達不可能な遠くから彼らを見下ろしているのではありません。阿弥陀は彼らの「親さま」であって、畏敬の念を起こさせる正義と復讐の「父」ではありません。「親」は、もっと親しくは「親さま」、これは父と母のいずれをも意味しうる言葉で、時には両方を、時には一方だけを指すという具合に、親性（parenthood）の具体化したものです。英語にはこれに当たる言葉はありません。英語の親 parent は、父と母のどちらかです。区別しないでどちらも意味するということはありません。仏教徒にとって、阿弥陀は母性と父性の両方を意味する「親さま」です。この親密感は、真宗信者浅原才市の精神的態度の特徴となっています。

才市の歌に曰く。

わしがをやさま（親さま）
みた（見た）ことあるよ
よくよくみれば（見れば）
わしがをやさま（親さま）なむあみだぶつ（南無阿弥陀仏）〈訳註21〉

この親密さの表現は、「無限な光」と有限な個々人の一体感のほとばしりです。法蔵の四十八願が不思議なほど強く真宗信者の心に訴えるのは、この事実のためです。阿弥陀の名を称える称名は、彼らの存在の中核そのものを揺さぶり、彼らは阿弥陀の「呼びかけ」に全存在を委ねます。普通に客観的に考えると、阿弥陀の「願」は本当は彼ら自身の内奥から出てくる「願」にほかなりません。彼らは願そのものであり、彼らは阿弥陀であり、彼らはみな「無限な光〈訳註22〉」と「永遠ないのち」に与かっています。それが浄土にほかなりません。一切衆生は彼らの「親さま」である阿弥陀と共に本来その浄土の住人です。彼らは一時的にそこから出てきて、娑婆世界（現在の相対的世界）を造り、しばらくその本国を忘れているのです。彼らは、思い出すや否や直ちにその本国を訪れます。無上覚を得るというのは、この出来事です。彼らの運命は、そこに長く埋もれることではありません。彼らは再びその兄弟姉妹の間に出現して、この娑婆世界が究極的には浄土そのものと別ではないことを彼らにさとらせるために、彼らのために一緒になってはたらくのです。

六、本源的力から生じる阿弥陀仏の願

「願（プラニダーナ）」の意味は、いまやその本来的意義を獲得し、自らを力強く示し始めています。以下は「願」について私の解釈です。

「願」は「誓願」の略であり、語源のサンスクリットは、プラニダーナ（*praṇidhāna*）です。プラ

ニダーナは、「（非常に宗教的な）強い意欲」を意味し、英語の仏教書ではvow（誓い）と訳されています。私も真宗に関する以前の著作のほとんどでそのvowを使ってきました。しかしながら、この親鸞の著作の翻訳に際して〈訳註23〉、キリスト教的趣をもってはいるが、prayerの方がvowよりもよいと考えるようになりました。しかし、私のいうprayerは、神に対して特別な恩寵を要請するというのではなく、それはただ、熱烈にして真摯な願望、決意、もしくは意志を表詮するものです。それは何か特定の結果や報償や恩恵や代償を期待するものではありません。この絶対的な祈りの意志は、愛〈訳註24〉であり、アガペagapeであり、大慈*mahāmaitrī*であり、大悲*mahākaruṇā*であり、大誓願*mahākṛtyā*であります。それは、上からも下からもいかなる見返りも期待せず、絶対的に自由であり、ただ遊びのためだけに遊ぶ〈訳註25〉のです。これは、自ら経験するのでなければ、誤解を招くかもしれません。それは、ありのままにあることのほかに望みを持たぬ松のごとく、春が来れば咲く花のごとく、ただ遊ぶためだけに遊びふけっている子供のごとくにです。

これは、仏教では「遊ぶがごとく超自然的な力を示す」（神通遊戯*abhijñā-vikrīḍita*）という特別な表現で知られていますが、ここで超自然というのは、「超自然力信仰」の意味においてではなく、ちょうど耳が聞き目が見るように、まったく「自然に」という意味です。

感覚の自然な機能は、自然であるが故に「遊戯的」であります。そして、あらゆる点で有限な私たち人間は存在と生成の神秘を理解できないが故に、それは「超自然的」でもあります。その存在の奥深くに埋め込まれている「本源的力」から生じる阿弥陀の「願」（*pūrva-praṇidhāna-bala*）は、ただ自らを貫くためだけにはたらきます。阿弥陀の願は、ただ自らに忠実に自らはたらくというほかに何の目的も持ちません。有限な存在である私たち人間が理解できるようにするために、阿弥陀の諸願は人間的な方法で表現されます。私たちは、それらの願に対して私たちの人間的な知的解釈を押し付けるべきではありません。ここに含まれている矛盾は、私たちの存在の内外を包んでいる不可思議な神秘の一つです。無上覚というのは、そういう不可思議を、心静かに、落ち着いて、喜々として、私たちの全存在をもって、受け容れるところにあります。親さまの「素晴らしいおはからい」（善巧方便 *upāya-kauśalya*）に関しては、何らの疑問も起きません。実際上、疑問はおのずから消滅してしまうのです。

願と本願力というこの思想が紀元一世紀に初めて中国に紹介されたとき、中国の人びとはそれをどのように扱ったらよいか解らなかったようです。なぜなら、それは、老子や孔子の後継者にとっては、最も縁遠いだろう思想だからです。四世紀末にかけて、浄土教が中華の国に根を下すには、三百年以上が必要でした。

「祈り（願）」というのは、実に、有情も無情も含めてありとあらゆる現実的存在の存在そのものからの発露です。自分自身の人格の基底まで掘り下げていくと、私たちは、この祈り（願）を、この「静かに囁く声」〈訳註26〉を聞きます。そして、私たちがいったんそれに気付けば、それは獅子の吼号のごとく世界中に響き渡り、私たちは、どうして今まで聞こえなかったのだろうと不思議にさえ思います。真相を言えば、その声が私たちの前に現れるときはいつも、歴史的に条件付けられており、思想的象（かたち）としては聖なる伝灯という衣装を着けているのです。そういう古びた威丈高な神話的衣装を剝ぎ取って、裸になったその実在そのものを提示してみたいと思います。そうすれば、私たちの前に多少散文的な形で現れることになるかもしれないが、現代人にとってはその方がより解りやすく受け容れやすいことでしょう。たとえば、諸経典に語られている仏教の浄土の話は、古代のインドや中国、鎌倉時代の日本では、もっともなこととして容認されてきたかもしれません。しかし、知的に洗練された現代人にもっと解りやすくするためには、そこから相当な量を剝ぎ取り洗い流す必要があります。

ここに康僧鎧訳『大無量寿経』〈訳註27〉の四十八願の英訳をしておきます〈訳註28〉。これによって読者は、その時代には優勢であった古典派的空気の中で育った当時の学者に向けて書かれた親鸞の浄土真宗解説の底辺にあるものを、よりよく理解できるでしょう。もし親鸞が今私たちとともに生きていたら、彼は必ずや、現代の思想にあわせて、この経をもっと違った形で解釈したことでしょう。

七、法蔵菩薩の四十八願

（1）もし、私が仏に成るときに、私の国に地獄、餓鬼、畜生がおるならば、私は正覚〈訳註29〉を取るまい。

（2）もし、私が仏に成るときに、私の国の中に生れる人びと〈訳註30〉がまた三悪趣に戻るようなことがあれば、私は正覚を取るまい。

（3）もし、私が仏に成るときに、私の国の中に生れる人びとがみんな金色に輝いているのでなければ、私は正覚を取るまい。

（4）もし、私が仏に成るときに、私の国の中に生れる人びとが、みんな容貌が違わず色形が一つであるというのでなければ、私は正覚を取るまい。

（5）もし、私が仏に成るときに、私の国の中に生まれる人びとが、少なくとも百千倶胝劫〈訳註31〉にわたる自らの過去世についての記憶を持たないのであれば、私は正覚を取るまい。

（6）もし、私が仏に成るときに、私の国の中に生れる人びとが、少なくとも百千倶胝の仏国土を見ることができるように、天眼を具えていないのであれば、私は正覚を取るまい。

（7）もし、私が仏に成るときに、私の国の中に生れる人びとが、少なくとも百千倶胝の諸仏の国土で彼らの説教を聞いて、記憶することができるのでなければ、私は正覚を取るまい。

（8）もし、私が仏に成るときに、私の国の中に生れる人びとが、少なくとも百千倶胝の仏国土の衆生の抱くすべての思いを知ることができるように、他人のこころを読み取る能力を具えていないのであれば、私は正覚を取るまい。

（9）もし、私が仏に成るときに、私の国の中に生れる人びとが、一念の間に少なくとも百千倶胝の仏国土を踏破できないのであれば、私は正覚を取るまい。

（10）もし、私が仏に成るときに、私の国の中に生れる人びとが、身体に関する想念を起こしそれに執着するのであれば、私は正覚を取るまい。

（11）もし、私が仏に成るときに、私の国の中に生れる人びとが、かならずや、信心深い人びとの間に安定していて、涅槃に入るというのでなければ、私は正覚は取るまい。

(12)もし、私が仏に成るときに、私の光明に限りがあって、少なくとも百千倶胝の仏国土を照らすことができないのであれば、私は正覚を取るまい。

(13)もし、私が仏になるときに、私の寿命に限りがあって、少なくとも百千倶胝劫続くことができないならば、私は正覚を取るまい。

(14)もし私が仏に成るときに、私の国の中の声聞の数に限りがあって、三千大千世界において声聞縁覚となり百千万劫その数を計量しようとする衆生に数えられるのであれば、私は正覚を取るまい。

(15)もし、私が仏に成るときに、私の国の中に生れる人びとは、その寿命に限りがあってはならない。ただし、その本願のために寿命を短くしたり永くしたりする人びとは除くことにしよう。そうでなければ、私は正覚を取るまい。

(16)もし、私が仏に成るときに、私の国の中に生れる人びとが、悪の名でさえも聞くことがあれば、私は正覚を取るまい。

(17)もし私が仏に成るときに、十方世界の無量の諸仏がすべて賛成して私の名を称えるのでなければ、私は正覚を取るまい。

(18)もし私が仏に成るときに、十方の衆生がすべて至心に信じきって私の国に生れたいと思い、少なくとも十回私を念ずるのでなければ、私は正覚を取るまい。ただし、五逆罪を犯した人びとと正法を謗っている人びとは除く〈訳註32〉。

（19）もし私が仏に成るときに、十方の衆生がすべて菩提心を発し諸々の功徳を修め、至心に私の国に生れたいという願いを抱くとして、もし私が、多くの仲間に囲まれて、彼らの臨終に際して彼らの前に現れないならば、私は正覚を取るまい。

（20）もし、私が仏に成るときに、十方の衆生がすべて、私の名を聞いて私の国に思いをかけ諸々の功徳の本を植え、私の国に生れるためにそれらの功徳を至心に廻向して、もし彼らがその成果を得られないのであれば、私は正覚を取るまい。

（21）もし、私が仏に成るときに、私の国の中に生れる人びとが、偉大な人のもつ三十二相を完成しているのでなければ、私は正覚を取るまい。

（22）もし、私が仏に成るときに、他方仏国のすべての菩薩が私の国に生れたいと思い、すべてが一生補処〈訳註33〉に至るのでなければ、私は正覚を取るまい。ただし、衆生を思うがごとく助けたいというその本願のために、弘誓の鎧を身に着けて功徳の本を集積し、一切衆生を苦悩から救済し、すべての仏国土を訪問し、菩薩としての行を修め、十方の諸仏如来に敬意を表し、ガンジス河の砂のように無量な衆生を教化して、無上なる真実のさとりを獲得せしめ、そしてさらに、通常の菩薩道の諸段階を超えて、実に普賢の徳にまで至る菩薩たちは除いてである。

（23）もし、私が仏に成るときに、私の国のすべての菩薩が、仏の威神力によって諸仏に敬意を表し、一食の間に百千倶胝もの仏国土すべてを訪問することができないのであれば、私は正覚を取るまい。

(24)もし、私が仏になるときに、私の国のすべての菩薩が、(諸仏の前で)[訳註34]すべての功徳の本を修めたいと思いながら、必要とする礼拝の具を思い通りに得られないならば、私は正覚を取るまい。

(25)もし、私が仏に成るときに、私の国のすべての菩薩が、一切智と調和した法を説くことができないならば、私は正覚を取るまい。

(26)もし、私が仏に成るときに、私の国のすべての菩薩が、ナーラーヤナのような金剛身[訳註35]を具えるのでなければ、私は正覚を取るまい。

(27)もし、私が仏に成るときに、私の国に生れる人びとが、彼らの体得する天眼によってでも、この上なく美しい微妙な形で、厳かにして清浄に輝いている一切万物を、数え上げ叙述できるというのであれば、私は正覚を取るまい。

(28)もし、私が仏に成るときに、私の国の菩薩たちが、少功徳の者であっても、極めて美しく彩られた高さ四百由旬[訳註36]の菩提樹を見られないのであれば、私は正覚を取るまい。

(29)もし、私が仏に成るときに、経を読み、誦え、説いている私の国の菩薩たちが、完全な智慧と弁才を得ていないのであれば、私は正覚を取るまい。

(30)もし、私が仏に成るときに、私の国の菩薩たちの持つ智慧と弁才が有限であるならば、私は正覚を取るまい。

（31）もし、私が仏に成るときに、私の国が極めて清浄無垢であり、前にある諸々のかたちを映し出す明るい鏡のごとく、計り知れず数え切れない十方の諸仏世界をすべて映し出すほどでなければ、私は正覚を取るまい。

（32）もし、私が仏に成るときに、私の国が天から地に至るまで、神々や人間を超えて十方に立ち上りつつ数え切れない種の芳香を放っている、さまざまな宝石でできたあらゆる種のつぼに満たされ、この上なく絶妙に飾られているのでなければ、そしてもしその香を聞く菩薩たちがみな仏の徳を行ずる気持ちにならないのであれば、私は正覚を取るまい。

（33）もし、私が仏に成るときに、十方の無量にして不可思議な諸仏世界のあらゆる衆生が私の光に包まれていないならば、そしてもしその光に触れる人びとが神々と人間の範囲を超えて心身の柔らかさを喜べるのでなければ、私は正覚を取るまい。

（34）もし、私が仏に成るときに、十方の無量にして不可思議な諸仏世界のあらゆる衆生が、私の名を聞いて菩薩の無生法忍と総持〈訳註37〉を得られないのであれば、私は正覚を取るまい。

（35）もし、私が仏に成るときに、十方の無量にして不可思議な諸仏世界の女性が、私の名を聞いた後、喜びと信頼に満たされて菩提心を発し、女性であることを嫌うのでなければ、そしてもし次の生でまた女身となるのであれば、私は正覚を取るまい。

（36）もし、私が仏に成るときに、十方の無量にして不可思議な諸仏世界のすべての菩薩が、私の名を聞いた後常に、いのちが終ってからも、仏道を成就するために神聖な行の実践につとめるのでなければ、私は正覚を取るまい。

(37)もし、私が仏に成るときに、十方の無量にして不可思議な諸仏世界の人びとがすべて、私の名を聞いて五体投地し、喜び信じて私を礼拝し、菩薩行の実践につとめて、すべての神々や人間の敬いを得るのでなければ、私は正覚を取るまい。

(38)もし、私が仏に成るときに、私の国の中に生れる人びとが、仏に許されて着たいと思う美しい衣服を直ちに得られるのでなければ、そして、それらの洋服が、綺麗にしたり〈訳註38〉、砧で叩いたり、染めたり、洗ったりする必要もなく、彼らの身体に合うのでなければ、私は正覚を取るまい。

(39)もし、私が仏に成るときに、私の国に生れる人びとが、煩悩を滅ぼし尽した比丘の享受するような大きな喜びをもつのでなければ、私は正覚を取るまい。

(40)もし、私が仏に成るときに、私の国の菩薩たちが、十方の無量な仏国土が国の中の宝樹からできているのを、意のままに好きな時にいつでも、明るく磨かれた鏡の中に自らのすがたを見るほど明白に、見ることができないのであれば、私は正覚を取るまい。

(41)もし、私が仏に成るときに、他の国土のすべての菩薩が、私の名を聞いて仏に成る道を歩んでいる時に、彼らの感覚器官に欠陥を蒙るのであれば、私は正覚を取るまい。

(42)もし、私が仏になるときに、他の国土のすべての菩薩が、私の名を聞いて「清浄解脱」という特別な三昧を体得し、この三昧に住している間も一切の無量にして不可思議な仏如来に礼拝し、しかも常にこの三昧を失わないでいるのでなければ、私は正覚を取るまい。

(43)もし、私が仏になるとき、他の国土のすべての菩薩が、私の名を聞いて死んだ後に、尊貴の家に生れるのでなければ、私は正覚を取るまい。

(44)もし、私が仏になるときに、他の国土のすべての菩薩が、私の名を聞いて歓喜踊躍し、菩薩行の実践につとめて、功徳の本を完成するのでなければ、私は正覚を取るまい。

(45)もし、私が仏になるときに、他の国土のすべての菩薩が、私の名を聞いて「普等三昧」〈訳註39〉を体得し、この三昧に住しながら成仏に至るまで常に、無量にして不可思議な一切の諸仏を見るのでなければ、私は正覚を取るまい。

(46)もし、私が仏になるとき、私の国に生れる菩薩が、聞きたいと思う法を自然に聞くことができるのでなければ、私は正覚を取るまい。

(47)もし、私が仏になるときに、他の国土のすべての菩薩が私の名を聞いて、直ちに不退転地〈訳註40〉に至るのでなければ、私は正覚を取るまい。

(48)もし、私が仏になるときに、他の国土のすべての菩薩が私の名を聞いて、即座に第一、第二、第三法忍〈訳註41〉を体得するのでなければ、そしてもし彼らが一切の仏の教えの学びで退転するようなことでもあるとすれば、私は正覚を取るまい。

八、他力——絶対的受動性の真実

真宗の特徴となっているのは、「自力」から区別されるところの絶対「他力」の教義です。真宗信者は、他宗でいういわゆる他力は、純粋ではなく自力が混じっているために、その阿弥陀仏の力に対する信仰は絶対的ではなく、望み通りに浄土へ参ることはできないだろうと言います。有限で、制約があり、業の因果に縛られているかぎり、私たちは決してさとり得ないし救われもしないのです。ただただ阿弥陀仏の限りない無礙の光明によってのみ、私たちは有限から無限への飛躍を成し遂げ、自分は本来「不生（無生）[訳註42]」であること、したがって決して生死の法則に隷属していないということを理解できるのです。

私たちは普通、阿弥陀が救済の糸を垂らして、それを摑むのは私たちの努力ないし力であると考えます。しかしながら真宗においては、私たちがもともと自分に属していると考えるその力は、まったく自分たちのものではなく、阿弥陀から来ているというのです。私たちはみんな有限な存在であり、私たちのうちには、阿弥陀の救済の糸のところまで、自分で自分を引き上げる力は何もないのです。この点において、私たちは絶対に受動的です。すべては阿弥陀から来ているのであり、私たちが本当に目覚めて救われるのは、この絶対的受動性の真実、無条件的帰依の真実を認識するその時だけです。「他力」がすべてであり、「自力」は無だという。それが、「限りない光」と「永遠ないのち」の阿弥陀に対する真宗の立場です。

しかしながら、ここで私たちが思い出しておかねばならないのは、私たちが絶対的受動性とか無条件的降伏ということについて、肯定的であれ否定的であれ、何かを言うことができるのであれば、そこには、このすべてを意識している何かが、あるいは何者かが、存在しているということです。そしてまた、受動的行動であれ、能動的行動であれ、どんな形の行動であっても、自分のしていることを意識している存在があるとすれば、それは自分自身を他から区別する類の主体だといわねばなりません。自分自身を意識している存在は、その点では独立した存在です。それは、判断できる心を具えた存在です。釣り針が川に投げ込まれるとしましょう。もし餌に食いつく魚が自分自身の行動を意識しているとすれば、その魚は、それは単なる骨と肉の塊ではありません。それには心があり、心が在ることによって、他の魚と違ったものであり得るのです。もし人が阿弥陀の大悲の圧倒的な力にその全存在をゆだねるならば、まさにその瞬間、その人は能動的な主体であると同時に受動的な容器です。ここでは矛盾が同一となります。「A」は「A」であると同時に「非A」です。これは不思議な神秘です。そして、私たちは皆この神秘を生きているのです。事実、いのちそのものが神秘であって、無上正覚とはこれの経験にほかなりません。それ故、仏教徒は、「瞬間」が「永遠」であり、「ゼロ」が「無限」であり、「煩悩 *kleśa*」即「菩提 *bodhi*」だと言ってきました。さらに仏教徒は、「浄土への往生は『無生の生』である。もしそれを有限性と業的因果の領域に現れるこの世の生死という意味で解釈しようとすれば、浄土が何処にあって何であるかは理解できない」と道破します。これは真宗教義の大切なくだりです。

では、純粋他力の信者が入ることを許される浄土とは、いったいどんなところでしょうか。もし浄土への往生が「無生の生」であるとすれば、もし浄土があらゆる形の矛盾が統一され同一視される場であるならば、もしそれが「一切知」が「無知」であるような場であり、一切が無為にして為し遂げられる場であるとすれば、それは本当に絶対無の王国でなければなりません。もし浄土が絶対的な「他力」の所産であり、そこに意識的「自力」の余地がないとすれば、それはいったい私たち人間の思考行動様式を受け容れられるようなものであり得るのでしょうか。もし阿弥陀が全土を統治しているとすれば、たとえその行政が大悲を本質にした最も有効な利他性のものであっても、そこには自力の意識を持った個人が入ることは認められません。なぜならば、自分自身のしていることや考えていることを何らかの形で意識しているということは、自己についての意識、つまり自力だからです。自己証明としての自力がいかなる形でも許されないのであれば、絶対他力の浄土の住人はすべて自己・意識を持たない石ころか木片に変わらざるを得ません。しかし、自己・意識はすべての個人に与えられている特性です。自分自身の内で今自分が「必ずや阿弥陀の国土に往くことが決まっている人びとの集団」〈訳註43〉の中にいると感じるのも一種の自己・意識です。もしそのような人が、たとえ限りなく小さな一かけらだけでも、阿弥陀が阿弥陀である所以の質を共有させて貰えないのであれば、その人は浄土の一員となることはできません。ですから、仏教の思想家はすべて、所属する宗派のいかんに関わらず、すべての衆生には仏性が具わっていて、私たちはみんな、お互いに、同じように、誰でもが、仏と成り浄土の住人になることに決まっているのだと断言するのです。これは論理的には不可能です。しかし、いのちは論理的にできているのではありません。実際には、いのちが本になってその上に論理が構成されているのです。いのちが論理を支配しているのであって、その逆ではありません。

これは神秘中の神秘として知られているところで、真正な価値を持つ宗教はすべてこれに基づいています。私たち個々人は、煩悩の支配に身を任せたまったく智慧のない「罪深い存在」、「愚かな汚れた存在」であるが、それにもかかわらず、私たちは阿弥陀の大悲によってさとりを得て清らかに浄化され得るのです。私たちの意識がこの事実ないし真理に気付くと、私たちは「ここにまったく自力はない。すべては阿弥陀の他力、すなわちその本願のおかげである」といいます。これはまったく私たちの論理的解明を超えています。事実、この不可思議な神秘が体得されれば、私たちはいかなる問いも問いません。このような精神的態度というか「心境」で生きるのが、浄土の住人になるということです。

九、限りない無礙の光明としての浄土

浄土は〈訳註44〉、仏教文学において、歴史上ないし伝承上、どのように描写されているのでしょうか。『大無量寿経』と『小経』に記録されている浄土の描写は、あまりにも物質的であり、いくつかの点では、あまりにも矛盾に満ち、あまりにも非合理的であって、娑婆世界〈訳註45〉という、有限にして制約のあるこの

相対界に住み慣れている人間には、たとえ片時であってもそこに暮らすことは難しいように思われます。浄土はもちろんこの世の国ではなく、「限りない光」と「永遠ないのち」の阿弥陀の建立した場所です。私たちは浄土に対して、私たちの暗くて陰鬱な居住地に類似したもの、近似したものを期待することはできません。本当のところをいうと、浄土そのものは私たちには描写不可能です。しかしながら、私たちのこの世的観点から判断しても、浄土が最も望ましい住処であると感ずることができるように、浄土を輝かしく美しく詩的に描写するために、インド人はその想像力の最善を尽しました。宮殿と楼閣と精舎は、すべて宝石や貴金属で荘厳され、浄土全体を治める阿弥陀仏の無限な光を輝かしく反映しています。和やかなそよ風が庭全体に吹きわたり、池は咲き匂う花に満たされ、空中には最も馨しい芳香が立ちこめています。鳥の鳴き声が国土の隅々まで明朗に行き渡り、三宝の妙徳を讃嘆しているのが聞こえます。

浄土とは、次の世で生れたいと願うように、すべての衆生が勧められている場所です。読者のみなさんは当然のことながら、どうしてその場がそれほどまで魅力的なのか、知りたいと思うことでしょう。表面だけを見るならば、しかしながら、それは、私たちが住所を移したいと思うほど魅力的な場所ではありません。それはほとんどインド人の想像力に依っているために、浄土が非常に豊かな幻想的色彩で描写されているからです。しかし、経典作者が決して忘れることなく私たちに告げるのは、浄土というのは、私たち人間が、というよりむしろ彼の菩薩が、一切衆生への大悲によって成就した徳行の所産であるということです。一切衆生は、有限性の暗闇、つまり限定と束縛と不確実性の暗闇の下に生きており、そのため必然的にあらゆる形の恐怖や不安を抱かざるを得ません。浄土はまったくこれの正反対であり、そこでは阿弥陀の障りなき無限の光明があらゆる制限を超えて無条件にすべてに行き渡っています。感性も知性も制限のある人間にそのような存在状況を理解させるのは極めて困難です。インド人の特性は、浄土をどちらかといえば派手な物質的場として描かざるを得ません。その土には、七種の宝石が充満しており、まぶしく光り輝いています。同時に、この種の荘厳を楽しむとされる浄土の住人は、形を超えた無限な体をその特徴としており、神々でもなければ人間でもありません。極めて抽象的な形而上学的存在とでもいいましょうか、この感覚的世界（娑婆世界）のものではありません。

このような明らかに矛盾のある存在形態が、阿弥陀仏の信者には何らの不自由ももたらしません。なぜなら、自らの全存在を任せてしまい、ただ至心に信じ切って、仏名を称えるその瞬間、すべての矛盾は消え去り、彼らはみんな一挙に、いかなる形の汚れもない絶対的清浄の安楽国に迎え容れられるからです。これは、創造性と自由の場です。ここで起こる奇跡的変化は、ほんとうに人間的理解を超えた神秘です。信者たちは、これはまったく、阿弥陀の礙りなき無量光のおかげであるといいます。浄土とは、この真理の象徴です。ここで私たちが思い出さねばならないのは、「清浄」というのは、単によごれやまじりやけがれがないことを意味するのではないということです。「清浄」というのは、ここでは「絶対」を、「いかなる形の有限性も、制約性も、条件性も、そういうものすべてを超えていること」を意味します。ですから、すべての建物や庭園だけでなく調度品に至るまで、実際に浄土にあるすべては、この国土の全体的理念を象徴し具体的に叙述するように、作られ調えられています。この国土は、「限り無い無礙の光明」そのものであり、これが人間の心のプリズムを通して屈折すると、荘厳の無限な多様性へと分化するのです。何もなかった部屋も、浄土に移住する「人間」に適したさまざまな調度品で、いまや完全に飾り立てられています。

諸経典と同様に、世親の「偈」[訳註46]がかならずや想起させるのは、物質的でもあり霊性的でもある、限りない多様性を持つこれらすべての荘厳の根底には、「唯一絶対の実在」があるということです。世親はそれを「一法句」[訳註47]、つまり「絶対的一者」と呼びます。またの名を大智（マハープラジュナー）[訳註48]、すなわち「絶対知」ともいい、キリスト教の神性に相当するものです。人間の考え方からすれば、この神性がはたらいて神ないし創造者になるというのは、神秘だといわねばなりません。この創造者というのは、仏教でいえば大悲（マハーカルナー）[訳註49]です。なぜなら、浄土があまたの荘厳を創って自らを飾るのは、その大悲によってだからです。荘厳とは、価値ないし功徳です。世親が「荘厳成就」ということを語るとき、それは、ある一つの道徳的ないし霊性的価値が完全に実現したこと、功徳のたくわえが成熟したことを意味します。

「一法句」の象徴として浄土にある荘厳はいずれもすべてが、個人的にも社会的にも大きな意義を持つ思想感情の実現であるということを銘記しておかねばなりません。厳密に言うなら、それらはすべて「善い功徳のたくわえ」（善根）と呼ばれ、大悲の源泉から流れ出ています。ですから、仏教の大悲の概念は、キリスト教の創造者としての神に対応していることが解ります。

それ故に、「唯一絶対」の法句は、私たち人間の悟性に対しては、大智と大悲という二面をもって現れます。一者として、それは「絶対的清浄」であり、二者として現れれば、「真実智慧」〈訳註50〉（「存在」ないし「目覚めて在ること」）と「無為法身」〈訳註51〉（「生成すること」「行為」「はたらき」ないし「創造」）です。「唯一絶対の法の言葉」（一法句）は、「目覚めてあること」と「生成すること」が一つになっている同一体であって、日本語では阿弥陀「無限なる者」として人格化されています。この真理の現成は、人間の心には、親鸞が「竪」ではなく「横」の「飛躍」と呼んだ「横超」〈訳註52〉として経験されるのです。

（訳者あとがき）

翻訳にあたっては、*The Eastern Buddhist* New Series Vol. VI No. 1 所載の未完原稿を使用した。ただし、そこにある編集者註はほとんどが中国語の表記等で、日本語訳には不必要と思われたので無視した。ただし、論文の前に掲げた編集者のノートだけは和訳した。翻訳者は不幸にして、掲載論文になるまでの著者自筆原稿と二種のタイプ原稿は見る機会がなかった。今回の翻訳は、学術的研究を目的にしたものではなく、一般読者の理解のためであるから、*The Eastern Buddhist* 所載論文の翻訳で十分であると判断してそこに集中した。この論文だけでなく、前述した三種の原稿との比較研究等学術的関心の在る読者は、『松ヶ岡文庫研究年報』第二十六号に親鸞仏教研究センター嘱託研究員の常塚聴氏が武田浩学氏等の協力を得て為し遂げた優れた翻訳と註釈の書「『英訳教行信証』のための序文」が掲載されているので、それを適宜参照されたい。

〈訳者註〉

〈1〉（未完）というのは、この論文の原著者鈴木大拙が、『教行信証』の英訳そのものもそれへの「序」も、まだ編集改訂作業を終らぬ段階で亡くなったので、完成していないという意味である。

〈2〉親鸞の主著『顕浄土真実教行証文類』、通称『教行信証』のこと。

〈3〉親鸞は『教行信証』の「教の巻」の冒頭で、「浄土真宗」という言葉を使っており、その師法然から受け取った浄土門の真の教えという意味である。鈴木大拙が真宗を英語でShin Buddhismという時、そのShinは「浄土真宗」の「真」の音から取られている。

〈4〉鈴木大拙は本願を説明する時に、それは仏の意志だという意味でしばしばwillという言葉を使う。その仏の絶対的意志は仏の大悲でもある。

〈5〉願いと訳した英単語は、prayerである。原文ではprayerに*praṇidhāna*というサンスクリットの原語がそえられている。これは、一般的にvowと英訳されてきた言葉であり、鈴木大拙も半世紀以上vowとしてきたのであるが、最晩年親鸞『教行信証』の英訳を熟慮検討した推敲の結果、三十七歳で出版した*Outlines of Mahayana Buddhism*において採用していたprayerという訳語に回帰した。法蔵菩薩の大悲の本願をoriginal prayerと訳出したこの最後の判断は、従来の

〈6〉理解を超えて鈴木大拙の真宗理解の根柢を物語るものである。
「重誓偈」は、法蔵菩薩が世自在王仏の前で四十八願を述べた直後に、重ねてその成就を誓った偈文。

〈7〉経典中の語句「三垢」は three sins と訳されている。三垢は三毒ともいわれ、三つの根本的な煩悩、貪欲・瞋恚・愚癡を意味する。鈴木大拙は、仏教において罪ないし罪悪と呼ばれるものは、煩悩とそれへの執着であると見ている。それ故、近似の言葉として英語の sin を使っているが、仏教における罪の概念がキリスト教の sin と異なることは重々承知の上である。

〈8〉阿弥陀仏は、アミターブハブッダ（Amitābha-buddha）ないしアミターユスブッダ（Amitāyus-buddha）の音訳であり、伝統的な異訳としては、無量光仏と無量寿仏が用いられてきた。この翻訳においては、無量光には「無限の光」、無量寿には「永遠のいのち」が当てられている。

〈9〉『旧約聖書』中「出エジプト記」第三章第十四節に、神がモーゼに告げた言葉として「我は在りのままに在るものなり」（I am that I am）が記録されている。

〈10〉仏教の慈悲について英語で語るとき、正確に慈（*maitrī*）悲（*karuṇā*）にあたる単語はないので、love や compassion を使用せざるを得ない。この文脈では特に、英語の愛という言葉を使いながら、慈悲の行為の源泉に言及しつつ、愛の利他的にして無我な本質に迫る。

〈11〉鈴木大拙は、親鸞の『教行信証』を英訳するにあたって、願の訳語として prayer を用いた。長らく vow を使っていたのであるが、最晩年に至って熟慮の上、prayer とした。鈴木大拙は、それを object-less prayer であると説明する。誰かに対して叶えてくださいと願う祈りではなく、自らの内に必ず実現しますと誓う自利利他の祈りである。

〈12〉「体内」の「体」には、括弧を付けてカーヤ *kāya* というサンスクリット原語が示されている。法蔵菩薩の「法身 *dharma-kāya*」を意味する。

〈13〉英文原稿において、「蔵」についてはサンスクリットの *ālaya*、「徳」にはサンスクリットの *punya* が使われている。前者は「阿頼耶」と音訳され「蔵」「貯蔵」の意であり、後者は善行の果としての「福徳」ないし「功徳」を意味する。

〈14〉親鸞の『愚禿鈔』に示される大乗仏教の二双四重の教相判釈に依れば、「竪超」は自力による一瞬の飛躍、「横超」は他力による一瞬の飛躍を意味する。二双四重の教相判釈の四つのキーワード、竪と横と出と超に関しては、大雑把な言い方をすれば、「竪」は自力、「横」は他力、「出」は漸悟、「超」は頓悟と見てよい。たとえば、頓悟を説く禅や真言や法華や華厳は「竪超」であるのに対し、「即得往生」を説く浄土真宗の他力信は「横超」、歴劫修行の証を説く聖道諸宗は「竪出」であるのに対し、未来往生を説く半自力半他力の信は「横出」である。

〈15〉ここで「他力」というのは、自力に対峙する他力ではなく、自と他の二元を超えた絶対他力、不可称不可説不可思議な法身のはたらき、限り無い阿弥陀仏の本願力である。「内を向くや否や私たちは、いかに微かであろうとも、無限なるものに気付くのです」と言われているように、ただ自分自身の内に帰ることによってのみ出会い得る絶対他者のはたらきである。大乗仏教の常楽我浄を具する法身の妙用をいう。

〈16〉鈴木大拙は本書所収の「名号」にも、シェイクスピアの『ロミオとジュリエット』から、「名前に何があるというの。薔薇と呼んでいる花は、他の名で呼ばれても、芳しい香りがするでしょう」という部分を引用しており、この文章は、そのジュリエットの台詞に関係しているものと思われる。

〈17〉『論語』第十三篇子路三において、子路が孔子に「衛君、子を待ちて政をなさば、子まさに奚をか先にせん」と問うと、孔子は「必ずや名を正さんか」と答えて、その理由を説き聞かせる箇所への言及。

〈18〉分別心と訳した discriminative reason には、*vijñāna* というサンスクリットが括弧内に示されている。

〈19〉英語の原文では、12となっているが、これは十七願だから、17であるべきであり、タイピストの数字の読み違えであろう。

〈20〉原稿本文内に「五という数字は量り知れない期間を象徴する」という一文が括弧付きで添えられている。

〈21〉鈴木大拙編著『妙好人浅原才市集』（春秋社、一九六七年）一三九頁。

〈22〉英語の原文では Infinite Life となっているが、この文脈では Infinite Light（無限な光）でなければならない。

〈23〉鈴木大拙の最晩年の挑戦ともいえる親鸞の『教行信証』英訳のこと。

〈24〉用例は少ないが、*mahā-karpā* も *mahā-karuṇā* や *mahā-maitrī* と同様に、大慈悲と訳されるサンスクリット仏教語である。

〈25〉遊ぶは、英語の原文では sportive であり、*vikrīḍita* というサンスクリットの原語が当てられている。遊戯的であるというのは、如来の衆生救済のはたらきの自由自在なさまを描写するのである。

〈26〉「a still small voice」。『旧約聖書』「列王記上」第十九章十二節。

〈27〉『真宗聖教全書』第一巻、一〜四七頁。

〈28〉*The Eastern Buddhist* に掲載された論文では、四十八願の英訳文は省略されている。

〈29〉『仏説無量寿経』の四十八願文中の「正覚」は、鈴木大拙の英訳文においては「Highest Enlightenment（最高のさとり）」となっている。無上正等覚、阿耨多羅三藐三菩提の意である。

〈30〉「私の国に生れる人びと」と訳されている部分の漢文は、「国中人天」。

〈31〉漢文原典の「百千億那由他」という計り知れないほど大きな数量が、鈴木大拙の英訳文では hundreds of thousands of koṭis「百千倶胝」となっている。サンスクリット原典に忠実に訳されているマックス・ミュラーの英訳では、a hundred thousand niyutas of koṭis（百千那由他倶胝）。那由他も倶胝も、千万とも億とも千万億ともいわれる膨大な数で、諸説がある。

〈32〉漢訳原典では「唯除五逆誹謗正法」。

〈33〉「一生補処」の英訳は、bound to one birth only。この一生だけで次には仏になる位を意味する。

〈34〉「在諸仏前」という一句の英訳が脱落している。

〈35〉漢訳原文は「金剛那羅延身」で、英訳では the body of Nārāyana となっている。

〈36〉「四百由旬」に相当する漢訳原文は、「四百万里」、英訳では four hundred yojanas となっている。「万里」の本を yojana 由旬とみたのであろう。マックス・ミュラーの英訳では、これに相当する部分は a hundred yojanas 百由旬となっている。

〈37〉「無生法忍」の英訳は、the recognition of the Unborn Dharma（無生のさとり）であり、「総持」の訳語は all the Dharanis（すべてのダラニ）となっている。

〈38〉「綺麗にしたり」という訳語を当てているが、それは、これに相当する部分の漢文の原語が「裁縫」であることを配慮しての処置である。「裁縫」は sewing となるべきところで、どうして cleaning と訳されたのかは不明である。

〈39〉「普等三昧」（*samantānugata samādhi*）は、普く等しく諸仏を見る三昧。

〈40〉「不退転地」の英文は、the stage of no-turnig-back、サンスクリットの原語は avaivartika-bhūmi。鈴木大拙は、後には the stage of non-retrogression という訳語を用いるようになった。

〈41〉「三忍」もしくは「三法忍」、法をさとる三種の智慧のこと。第一忍は、法忍（真理を悟る智慧）、第二忍は、信忍（信ずるこころの智慧）、第三忍は、順忍（真実に従う智慧）。

〈42〉「不生 unborn」には、鈴木大拙によって *anutpāda* というサンスクリット原語が示されている。

〈43〉真宗教学では、真実信の開発によって得られる「正定聚」の位の人びと。

〈44〉浄土は中国語では *jìngtǔ* といい、そこに生まれれば、すべての人が仏になれる清浄な阿弥陀仏の国土。

〈45〉英語では *sahā-loka-dhātu* というサンスクリットの原語。

〈46〉世親の「偈」とは、世親の『無量寿経優婆提舎願生偈』（浄土論）の偈文の意。

〈47〉「一法句」というのは、世親の『浄土論』に出る浄土荘厳の総相を表す語、浄土のすべての荘厳はこの一句に収まる。この英語の論文では *Eka-dharma-padam* というサンスクリット相当語が使われている。『浄土論』には「一法句とは謂わく清浄句なり。清浄とは、謂わく真実智慧、無為法身なり」とあり、鈴木大拙のこの文脈での解説は、そのような『浄土論』の言葉と読み合わせると、非常に解りやすく示唆に富んだものになる。鈴木大拙がここで「唯一絶対の実在」「絶対的一者」というのは、不可称不可説不可思議な「無為法身」を指すのであり、その実質は「真実智慧」、色も形もないさとりそのものである。

〈48〉「大智」と訳したのは、英文原稿では *mahā-prajñā* である。『浄土論』中の言葉でいえば真実智慧を指す。「大智」と「大悲」という仏陀の二大側面の一つ。

〈49〉「大悲」は英文原稿では *mahā-karuṇā*、前註で触れた仏二大側面の一つ。この論文の最終節となる次節を見ると、「無為法身」に大悲のはたらきだしを見ている。「無為」という言葉が現今では uncreated と訳されることを配慮に入れると解りやすいであろう。つまり、無為法身（uncreated dharmakaya）は、創造的な法身、そのはたらきとしての大悲である。

〈50〉「真実智慧」は、前述のごとく世親『浄土論』中の言葉である。鈴木大拙は、真実智慧というのは Being or Being Aware だという。Being と大文字で始まっているから存在そのものの意であろうか、そしてそれはすなわち目覚めてあることであるという。言い換えるならば、目覚めているということが存在そのものの本質である。そこから大悲がはたらきだすのである。

〈51〉「無為法身」は、いうまでもなく『浄土論』の言葉で、ここでは Dharma-Body of Non-doing と訳出されている。無為（non-doing）には意図的でない行為という含意があると見てよいだろう。この無為法身を括弧内の解説で Becoming or Acting or Working or Creating と言っているところを見ると、そこに真実智慧からの創造的なはたらきだしをみているのである。鈴木大拙の解説に従えば、無為法身は真実智慧の創造的なはたらきを示しているのである。

〈52〉横超に関しては、訳者註〈14〉を見よ。

あとがき

本書所収の鈴木大拙先生の「真宗関係英文論集」八篇の和訳を始めたのは、大拙先生が浄土真宗について書かれた英文著作を、ロンドン仏教協会に集まる英国の同行と共に読むに際して、私自身の理解の妥当性を前もって確認するためであった。八篇のうち四篇にはすでに和訳があったが、できるだけ正確な理解を期するために、今回初めて和訳した四篇だけでなく、既訳の四篇にも新たな和訳を敢行した。極めて深遠にして時には難解でもある原文の思考回路を辿りながら、時おり英国人同行の助けも借りつつ、できるだけ原意に近い訳出を試みたつもりである。改めて読み返してみると、英語の文章構造に引かれて、理解しにくい和文となっているところも多々あるようだが、翻訳という業の至難をかんがみて、ご容赦のほどをお願いしたい。本書に収載したものは、すべて私自身の翻訳である。

既訳の四篇というのは、①「無限な光」、②「名号」、③「妙好人才市の研究」、④「英訳『教行信証』への序」である。

これらが翻訳されたのは、岩波書店の『鈴木大拙全集』四十巻刊行後のことであり、鈴木大拙の英文著作の和訳としては比較的新しい。この四篇は、すべて『松ヶ岡文庫研究年報』に発表されたものである。

①「無限な光」

「無限な光」の英文原稿は、一九七一年の *The Eastern Buddhist*（New Series）Vol. IV No. 2 所収の Infinite Light（*posthumous*）であり、一九七三年にイースタン・ブディスト協会が編集し真宗大谷派から発刊された *Collected Writings on Shin Buddhism* にも収められた。『松ヶ岡文庫研究年報』第二十六号には、その英文とともに酒井懋氏の和訳「無量光」が掲載されている。

②「名号」

「名号」の英文原稿は、『松ヶ岡文庫研究年報』第二十六号所載の The Name である。同研究年報には、この英文とともに酒井懋氏の和訳「名号」が掲載されている。

「無限な光」の英文原稿も「名号」のそれも大拙先生没後の発見で、先生が一九五〇年にカリフォルニアで行った講演草稿を推敲したものと目される。

③「妙好人才市の研究」

「妙好人才市の研究」の英文題目は A Study of Saichi the Myōkōnin であり、一九五二年にロスアンジェルスの本願寺の雑誌 *The Way* Vol. 4 No. 1-4 に掲載された、本格的な浅原才市研究論文である。『松ヶ岡文庫研究年報』第二十七号には、酒井懋氏の和訳が「妙好人、浅原才市を読み解く」という題目で掲載されているが、本書では「妙好人才市の研究」と直訳的題名を用いた。

④「英訳『教行信証』への序」

「英訳『教行信証』への序」は、大拙先生ご遷化後の一九七三年 *The Eastern Buddhist*（New Series) Vol. VI No. 1 に発表された A Preface to the *Kyōgyōshinshō*（unfinished）を基本テキストとしてそれを翻訳したものである。これに先立って二〇一二年に出版された『松ヶ岡文庫研究年報』第二十六号所収の武田浩学編・常塚聴訳の「『英訳教行信証』のための序文」は、*The Eastern Buddhist* 所収のテキストとそこに至るまでの過程にあった初期テキストとの比較研究にも言及している。真宗学に通暁した人の丁寧な和訳であり、書誌学的関心のある読者にも一見の価値がある。

新しく和訳した四編は、①「禅と浄土――二種の仏教経験」、②「真と禅――その対照」、③「真宗とは何か」、④「妙好人」である。

①「禅と浄土――二種の仏教経験」

新しく和訳した四篇の中で最も古いのは、一九二七年の *The Eastern Buddhist* Vol. IV Number 2 に掲載された Zen and Jodo, Two Types of Buddhist Experience であり、大拙先生の浄土宗に関する英文著作としては、一九二六年の同誌 Vol. III Number 4 に発表された The Development of the Pure Land Doctrine in Buddhism（楠恭訳「仏教における浄土教理の発達」として『日本仏教の底を流れるもの』〈大谷出版社、一九五〇年〉に収録）に次いで二番目に古い。この論文の翻訳に際して、禅文献の探索に関しては禅僧トーマス・カシュナー師の手を煩わし、西山派開祖証空の教相判釈については加藤善朗師より貴重な助言をいただいた。

②「真と禅――その対照」
「真と禅――その対照」は、ロンドン仏教協会刊行の *The Middle Way* Vol. XXVIII No. 4 に一九五四年に発表された、講演筆記録 Shin and Zen - a Comparison の和訳である。

③「真宗とは何か」
「真宗とは何か」は、大拙先生没後に再発見され、一九七二年の *The Eastern Buddhist*（New Series）Vol. V No. 2 に掲載された What Is Shin Buddhism?（*posthumous*）の和訳である。これは同誌編集員の註記に依れば一九五〇年の著作であり、前述した一連のロスアンジェルス講演原稿の一部だったと思われる。この論文は、一九七三年に真宗大谷派発刊の *Collected Writings on Shin Buddhism* にも収められている。

④「妙好人」
「妙好人」は、一九六四年 *Japan Quarterly* Vol. 11 に発表された The Wondrous Good Man の和訳である。

浄土真宗の真髄に触れてその絶対他力の妙用を世界に向かって説かれた大拙先生の英文著作を、自らの非力をも省みず、和訳して人々に伝えたいと発願した志に共感して、編集発刊のために多大の労をとっていただいたことについては、法藏館社主西村高明氏、編集長戸城三千代氏、編集顧問和田真雄氏に対して、また本書の表紙デザイン、フロンティスピース、イラストレーションのために、大拙先生の絶妙な写真や墨書をお選びいただいた事実に関しては、かねてより実姉の如く敬愛する岡村美穂子氏に対して、その特別なご配慮に甚深なる感謝の意を表して筆を擱くこととしたい。

令和二年十二月八日

ロンドン三輪精舎にて　佐藤平顕明

仏教の大意〈新版〉　鈴木大拙著　一、五〇〇円
妙好人　鈴木大拙著　二、五〇〇円
鈴木大拙の妙好人研究　菊藤明道著　三、〇〇〇円
妙好人の詩　菊藤明道著　一、六〇〇円
増補版　妙好人伝の研究　菊藤明道著　九、〇〇〇円
妙好人研究集成　菊藤明道編　一〇、〇〇〇円

法藏館　（価格税別）